丰田精益管理系列

U0742469

丰田精益管理：现场管理与改善（图解版）

梁勤峰　主编

人民邮电出版社

北　京

图书在版编目（CIP）数据

丰田精益管理：图解版. 现场管理与改善 / 梁勤峰
主编. —北京：人民邮电出版社，2015.1
（丰田精益管理系列）
ISBN 978-7-115-37502-5

Ⅰ. ①丰… Ⅱ. ①梁… Ⅲ. ①丰田汽车公司—工业企
业管理—生产管理—经验 Ⅳ. ① F431.364

中国版本图书馆 CIP 数据核字（2014）第 257895 号

内 容 提 要

现场是指一线人员生产产品或提供服务的场所，即劳动者运用劳动手段，作用于劳动对象，完成一定作业任务的场所。

本书采用丰田精益管理的思想，为企业现场的改善与管理工作提供了八项措施，具体包括5S现场管理法、现场目视管理、现场人员管理、现场设备管理、现场作业改善管理、现场品质管理、现场安全管理和持续改善管理，目的是帮助企业消除浪费、提升产品和服务的质量，以获得利润，实现企业健康、稳定、长远的发展。

本书适合各类生产型企业现场管理者、一线员工、企业管理咨询顾问以及相关专业的师生阅读参考。

◆ 主　　编　梁勤峰
　　责任编辑　乔永真
　　责任印制　焦志炜
◆ 人民邮电出版社出版发行　　北京市丰台区成寿寺路11号
　　邮编　100164　　电子邮件　315@ptpress.com.cn
　　网址　http://www.ptpress.com.cn
　　北京虎彩文化传播有限公司印刷
◆ 开本：787×1092　1/16
　　印张：13.5　　　　　2015年1月第1版
　　字数：150千字　　　2025年8月北京第52次印刷

定　价：39.00元
读者服务热线：（010）81055656　印装质量热线：（010）81055316
反盗版热线：（010）81055315

伴随国内外市场竞争越来越激烈，许多中小企业的产品利润空间越来越小。原材料价格成倍上涨、劳动力成本快速上升、企业融资困难、产品积压严重，这些因素都严重影响了中小企业的发展，使不少中小企业在经营中举步维艰。但从另一个角度来看，这些因素将会促使企业进行产业升级、科学管理、提升生产力、节约成本、减少浪费、提高效率。那么，如何才能使企业在目前这种竞争激烈的环境中更好地生存、发展与壮大呢？我们认为丰田精益管理就是一种非常有效的解决办法。

丰田精益管理是由丰田汽车集团缔造的一种生产方式（Toyota Production System，TPS），它可以说是世界制造史上的一大奇迹。以丰田生产方式和经营管理方法为标志的日本制造业，对"生产方式""组织能力""管理方法"进行了创新，改变了21世纪全球制造业的存在形式和秩序。就我国企业的实际情况来讲，实现高品质、低成本生产的最大困扰，从根本上说并不是设备、资金、材料、技术、人才等经营资源本身，而是缺少能够使这些经营资源最有效地发挥作用的"生产方式""组织能力""管理方法"。

丰田精益管理实质上是一种独特的企业管理理论和方法，它以识别管理中的浪费并持续地减少浪费为核心思想，通过一系列方法和工具来定义管理中的问题。企业能通过精益管理来测量浪费，分析浪费产生的时间、区域、过程和原因，进而获得系统减少浪费的方法，并能通过使改进措施标准化来实现管理效率的提高。丰田精益管理注重用最少的投入获取最大的效益，即"在需要的时候，按需要的质与量，生产所需的产品"。丰田精益管理最显著的特点是强调客户对时间和价值的要求，以科学合理的制造体系来组织为客户带来增值的生产活动，缩短生产周期，从而显著提高企业适应市场瞬息万变的能力。

然而，有许多中小企业却不敢实施丰田精益管理，担心丰田精益管理要求投入大量的资源而企业承受不起；担心自行推广、实施丰田精益管理有难度以致企业无从下手；担心请外部专家进行辅导成本高，却达不到理想的目的；担心企业自身人员素质达不到丰田精益管理活动推广的要求；担心丰田精益管理推进速度慢，影响企业日常运转等。其实，丰田精益管理对企业在硬件方面的投入要求并不多，最主要的是时间的投入以及坚持正确的方式、方法。

我们的咨询老师在辅导企业推行丰田精益管理活动的过程中，发现有些中小企业虽然也轰轰烈烈地推广过该类活动，然而效果并不理想。究其原因，原来许多企业只是照搬优秀企业的一些样板，而没有真正地理解丰田精益管理活动的意义及推广的步骤、技巧、实施要领等。

基于此，我们对自己在实际辅导企业推行丰田精益管理活动过程中积累的经验进行归纳、总结，组织众多工作在企业一线的实战专家策划、编写了这套"丰田精益管理系列"图书，以帮助中小企业走出困境，更好地适应复杂多变的市场要求。该系列图书包括10本，具体为：

★《丰田精益管理：现场管理与改善（图解版）》

★《丰田精益管理：物料与仓储管理（图解版）》

★《丰田精益管理：采购与供应商管理（图解版）》

★《丰田精益管理：员工关系管理（图解版）》

★《丰田精益管理：成本控制与管理（图解版）》

★《丰田精益管理：TPM推进体系建设（图解版）》

★《丰田精益管理：生产事故防范（图解版）》

★《丰田精益管理：人力资源风险控制与管理（图解版）》

★《丰田精益管理：职业健康安全（图解版）》

★《丰田精益管理：企业文化建设（图解版）》

"丰田精益管理系列"图书的特点是内容深入浅出、文字浅显易懂，作者将深奥的理论用平实的语言讲出来，让初次接触丰田精益管理的企业管理人员也能看得懂、看得明白。同时，本系列图书利用图解的方式，能使读者阅读更轻松、理解更透彻、应用更方便。另外，本系列图书特别突出了企业在管理实践过程中的实际操作要领，读者可以结合自身情况分析和学习，并直接应用于工作中，具有很高的参考价值。

本书由梁勤峰主编，安建伟、宁小军、陈超、车转、陈宇娇、成晓霞、程思敏、郭鹏丽、蒋昆波、李建伟、李相田、马晓娟、王丹、王雅兰、王振彪、武晓婷、徐亚楠、赵娜、赵仁涛、谭双可、冯永华、李景安、吴少佳、赵静洁、唐晓航、陈海川、马会玲、卢硕果、庞翠玉、闻世渺、唐琼参与了本书的资料收集和编写工作，滕宝红对全书相关内容进行了认真细致的审核。

本书在编写过程中，得到了广东省中小企业发展促进会、深圳市时代华商企业管理咨询有限公司、山西管理职业学院等咨询机构、职业学院及相关企业的支持与配合。在此，作者向他们表示衷心的感谢。

C目 录
CONTENTS

第1章　5S 现场管理法

　　5S是管理的基础，是管理合理化的前提。它不但可以强化组织规范运作，将一个混乱的企业整理得井然有序，使人感觉安全、美观，还能提高产品品质，降低生产成本。

第2章 现场目视管理

目视管理是利用形象直观、颜色适宜的各种视觉感知信息标识来指导、组织现场生产活动，达到提高现场效率的一种管理手段。实施目视管理，从生产现场到办公室，从企业管理人员到第一线工作人员，可以让全体员工通过眼睛了解现在企业的生产状况如何、各部门为提高生产效率应该如何去做等。这是进行现场管理最行之有效的管理方法。

第3章　现场人员管理

人是生产系统中最重要、最活跃的因素。企业在实施现场精益化管理的时候，要教导员工，使其掌握必要的作业技能、具备合格的行为品质和工作品质，确保每个人都能按要求开展工作、完成任务。同时，企业管理层要调动一线员工的主动性、积极性和创造力，使全员开动脑筋、参与改善、自主管理。

第4章　现场设备管理

设备是完成产品生产或提供服务的保障，是企业生产力的重要因素之一。设备的先进程度、好坏和技术状态，直接影响到生产或服务能否顺利进行、产品品质的稳定性、生产成本的降低、生产效率的提升、员工操作的疲劳度、产品交货期的准确率、因设备引起的工伤事故频率等等。因此，现场管理的一个重要内容就是对现场设备的管理和维护。

第5章　现场作业改善管理

　　现代企业的作业现场是由人员、设备、材料、方法、测量系统和作业环境（统称5M1E）六大生产要素组成的。企业在生产时需要提高自己的生产效率，除了要对人员、设备、材料和作业环境进行精益化管理改善外，还必须从不良品产生多、作业开展困难等现场容易出现的问题出发，改善现场作业。

第6章　现场品质管理

在生产过程中，企业只有建立完善的生产品质管理体系，才能够确保产品的品质，减少不良品的浪费。在现场精益改善品质管理过程中，现场管理者必须努力提高员工的品质意识。员工若能从心底里具有品质意识，那么他一定会认真遵守种种重要的作业规范、程序，而且也能够一直保持良好的品质意识。因此，企业只有实施现场全员品管才能取得较好的效果。

第7章　现场安全管理

企业生产现场是物质流动、各种形式能量流动、信息流动、人员流动的动态交汇的场所。据有关资料显示，全国各类安全事故90%以上都发生在生产现场。因此，企业强化生产现场的安全管理是做好安全生产工作的重中之重，是实现安全生产目标的重要途径。

第3节　现场事故处理流程..171

第8章　持续改善管理

　　现场改善不是某一部门、某一两个人的事情，它是整个企业的事情。改善既不是大变革，也不只是技术创新，它是从小问题做起，对本工序、本班组不完善的项目提出改善建议。从作业动作、作业场地、夹具、工具、搬运、搬运工具、机械设备、材料、工作环境等方面入手，开展的全方位的改善活动，不必有显著的效果，只要能够比现况提高一步即可。即使是只节约了一分钱，缩短了一秒的作业时间也达到了现场持续改善的目的。

第1节　持续改善的流程..183

第2节　持续改善的工具..189

第3节　持续改善的方法..195

导读　抓住现场精益管理的重点进行改善

一、精益管理的起源

随着人们生活水平的不断提高，国内的消费者更愿意为高品质的商品支付溢价。但国内相关企业可能还没有为此做好准备。随着企业间竞争的不断加剧和整体经济增长的逐步放缓，企业面临的经营环境也日益严峻。例如，企业内部生产成本（包括劳动力成本、原材料成本、物流成本等）的上升及企业外部环境的变化等都给我国企业带来了新的挑战。在这个新的背景下，我国企业必须实施精益管理。

随着人类生产技术的进步以及市场竞争环境的改变，商品生产经历了手工作坊小批量生产、机械化大规模批量生产、同步化批量生产、精益生产和个性化定制生产的发展过程，具体内容如图1所示。

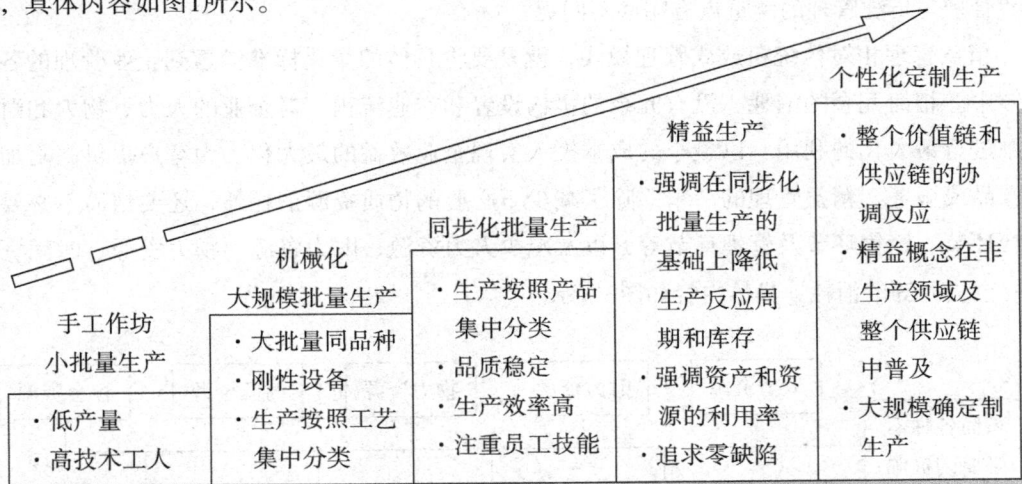

图1　精益生产进化路线图

20世纪初，福特汽车公司致力于推行大规模批量生产方式，1908年，公司实现了通用零件的互换，1913年又实现了移动装配线，生产率得到大幅度提升。随后，大规模生产模式逐步建立、成长和完善，实行大量生产方式的厂家获得了巨额利润。20世纪70年代，日本汽车大规模进入美国市场，美国汽车工业面临巨大压力。美国的工业界和学术界开始重视与思考这一重大的市场变化。美国麻省理工学院在做了大量的调查和对比后认为，高质量、低消耗进行生产的方式是最适用于现代制造企业的一种生产组织管理方式，他们将这种生产组织管理方式称为精益生产方式。精益生产方式的形成过程可以划分为以下四个阶段，具体内容如图2所示。

1

```
┌──────────────┐   ┌──────────────┐   ┌──────────────┐   ┌──────────────┐
│①大规模批    │⇒ │②精益生产方式│⇒ │③精益生产方式│⇒ │④精益生产方式│
│量生产阶段    │   │的形成与完善  │   │的系统化阶段  │   │的新发展阶段  │
│              │   │阶段          │   │              │   │              │
└──────────────┘   └──────────────┘   └──────────────┘   └──────────────┘
```

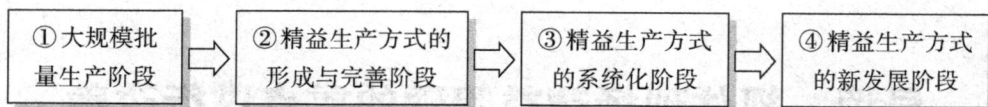

图2　精益生产方式形成的四个阶段

阶段说明如下。

①大规模批量生产阶段主要是指20世纪初，从福特汽车公司创立第一条汽车生产流水线开始，这是实现工业化生产的里程碑。

②第二次世界大战后，日本丰田公司开始多品种、小批量地生产汽车。随着日本汽车制造商大规模在海外设厂，丰田高品质、低消耗的生产方式传播到了美国。

③1985年，美国麻省理工学院开启了"国际汽车计划"（International Motor Vehicle Program，IMVP）研究项目，经过近10年的研究，提出并完善了精益生产的理论体系。

④20世纪末，许多大企业将精益生产方式与本企业实际情况相结合，建立起适合本企业需要的精益管理体系。至此，精益管理各种新理论、方法层出不穷，出现了百花齐放、百家争鸣的现象。

精益管理就是用精益求精的思想对企业实施管理，以求实现企业效益最大化。那么，精益管理与传统管理的侧重点有哪些不同呢？

精益管理相对传统粗放式管理模式，就是要将具体的量化标准渗透到企业管理的各个环节中。精简冗余的消耗，没有冗余的机构设置和产业流程，对企业的人力、物力和财力资源进行最大化的利用，以最小的成本投入实现企业效益的最大化，为客户提供高附加值的产品或服务。精益管理的"精"除了减少不必要的物质资源消耗外，还要精简不必要的生产环节、销售环节及管理环节等，以及减少人力资源、财力资源、物力资源、时间资源和社会资源等的消耗，具体内容如图3所示。

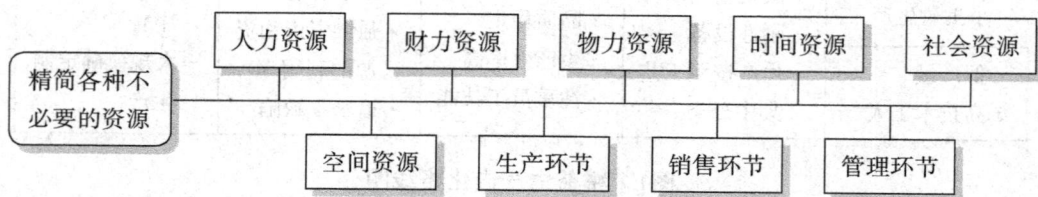

```
                  ┌──────┐ ┌──────┐ ┌──────┐ ┌──────┐ ┌──────┐
                  │人力资源│ │财力资源│ │物力资源│ │时间资源│ │社会资源│
                  └──────┘ └──────┘ └──────┘ └──────┘ └──────┘
┌──────────┐
│精简各种不│─────────────────────────────────────────────
│必要的资源│
└──────────┘
                  ┌──────┐ ┌──────┐ ┌──────┐ ┌──────┐
                  │空间资源│ │生产环节│ │销售环节│ │管理环节│
                  └──────┘ └──────┘ └──────┘ └──────┘
```

图3　精益管理的内涵

二、现场精益管理的内容

现场精益管理是基于实现精益管理方面的需要，统一管理制度的一种新的管理理念和模式。现代企业要实施精益管理就必须充分地理解精益管理的思想原则，并结合现代企业自身实际特点，创新式地应用精益管理。企业可以将管理对象集中于同一系统进行统一操作，使企业内部的人（管理人员、作业人员）、机（设备）、料（原料、辅料）、法（工艺、检测方法）、环（环境）资源做到合理高效配置，从而实现精益化高效管理。现场精益管理内容主要包括以下五个要素。

要素一：人员

人员的要素要求如图4所示。

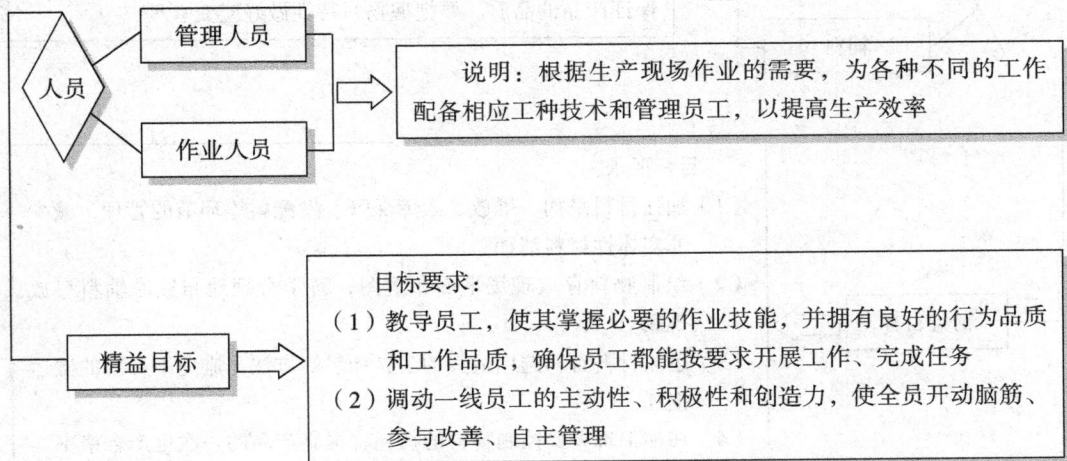

图4　人员的要素要求

要素二：设备

设备的要素要求如图5所示。

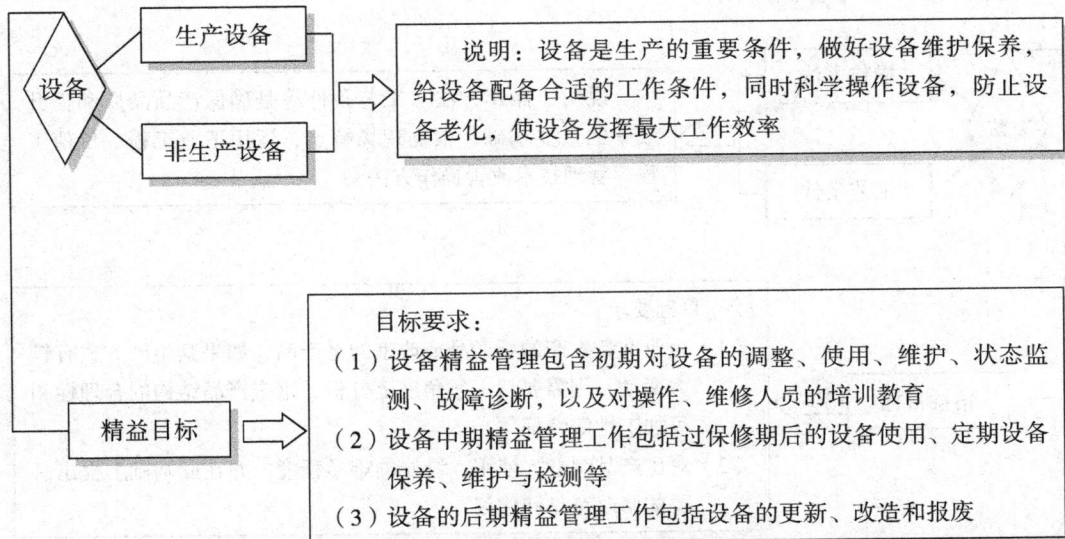

图5　设备的要素要求

要素三：物料

物料的要素要求如图6所示。

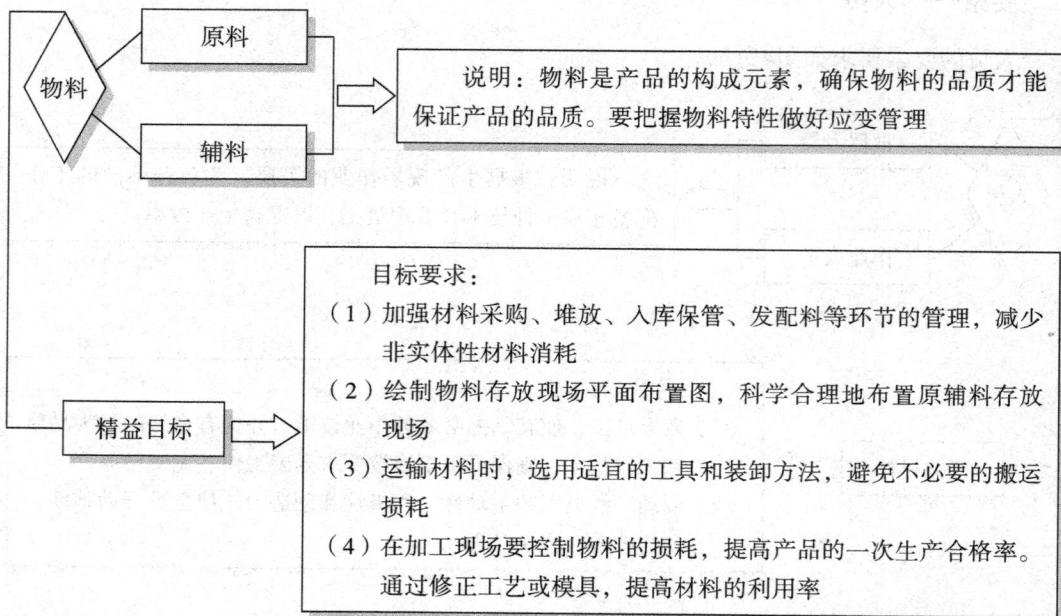

物料 → 原料、辅料

说明：物料是产品的构成元素，确保物料的品质才能保证产品的品质。要把握物料特性做好应变管理

精益目标

目标要求：

（1）加强材料采购、堆放、入库保管、发配料等环节的管理，减少非实体性材料消耗

（2）绘制物料存放现场平面布置图，科学合理地布置原辅料存放现场

（3）运输材料时，选用适宜的工具和装卸方法，避免不必要的搬运损耗

（4）在加工现场要控制物料的损耗，提高产品的一次生产合格率。通过修正工艺或模具，提高材料的利用率

图6 物料的要素要求

要素四：方法

方法的要素要求如图7所示。

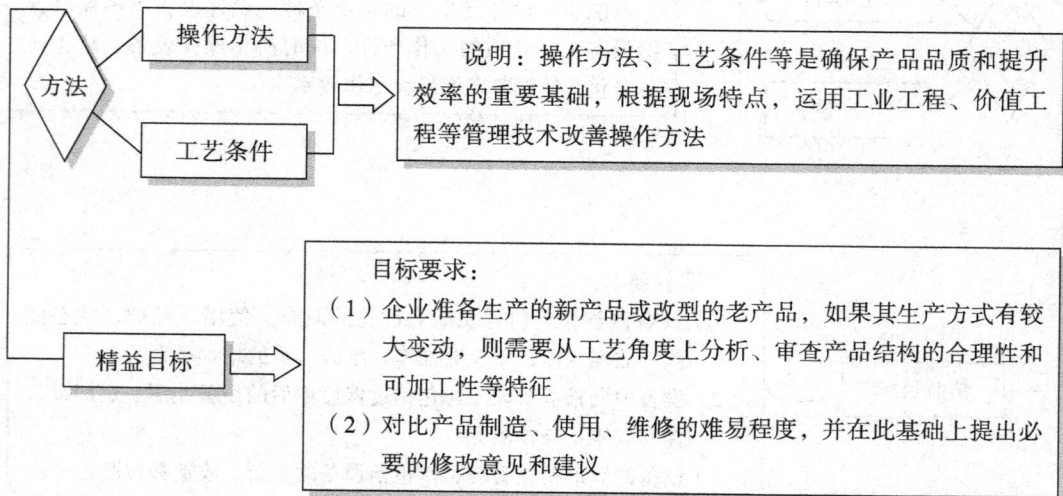

方法 → 操作方法、工艺条件

说明：操作方法、工艺条件等是确保产品品质和提升效率的重要基础，根据现场特点，运用工业工程、价值工程等管理技术改善操作方法

精益目标

目标要求：

（1）企业准备生产的新产品或改型的老产品，如果其生产方式有较大变动，则需要从工艺角度上分析、审查产品结构的合理性和可加工性等特征

（2）对比产品制造、使用、维修的难易程度，并在此基础上提出必要的修改意见和建议

图7 方法的要素要求

要素五：环境

环境的要素要求如图8所示。

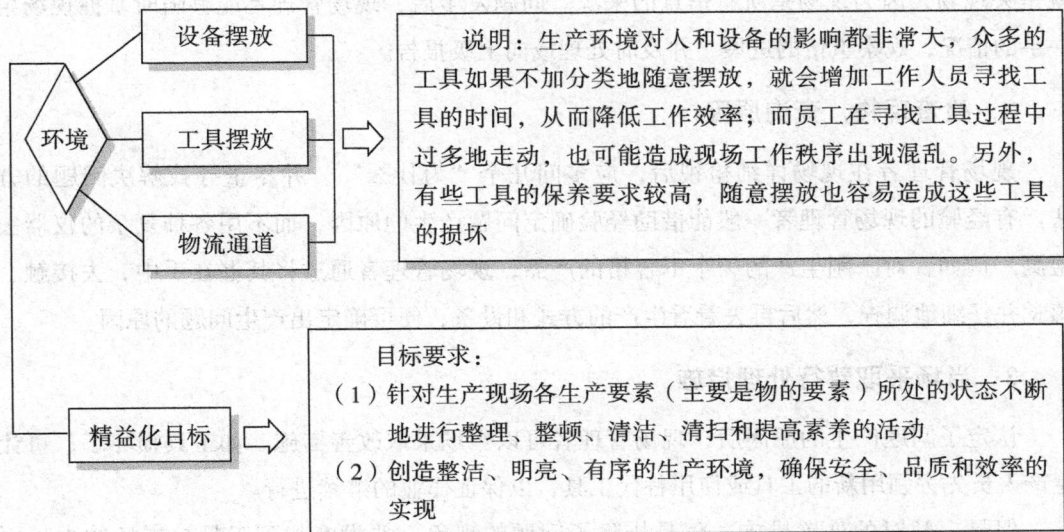

说明：生产环境对人和设备的影响都非常大，众多的工具如果不加分类地随意摆放，就会增加工作人员寻找工具的时间，从而降低工作效率；而员工在寻找工具过程中过多地走动，也可能造成现场工作秩序出现混乱。另外，有些工具的保养要求较高，随意摆放也容易造成这些工具的损坏

目标要求：
（1）针对生产现场各生产要素（主要是物的要素）所处的状态不断地进行整理、整顿、清洁、清扫和提高素养的活动
（2）创造整洁、明亮、有序的生产环境，确保安全、品质和效率的实现

图8　环境的要素要求

三、现场精益管理的流程

现场是指生产产品或提供服务的场所，即劳动者运用劳动手段，作用于劳动对象，完成一定作业任务的场所。在企业中，习惯把现场称为车间、工厂或生产第一线。现场精益管理的目的就是要保证现场按预定的目标，实现优质、高效、低耗、均衡、安全、文明的生产。当一个问题发生时，首先，相关人员依照现场现物的原则，详细观察问题；其次，找出问题的原因；最后，在确定解决问题的方式有效果之后，须将新的工作程序予以标准化。生产现场管理流程具体内容如图9所示。

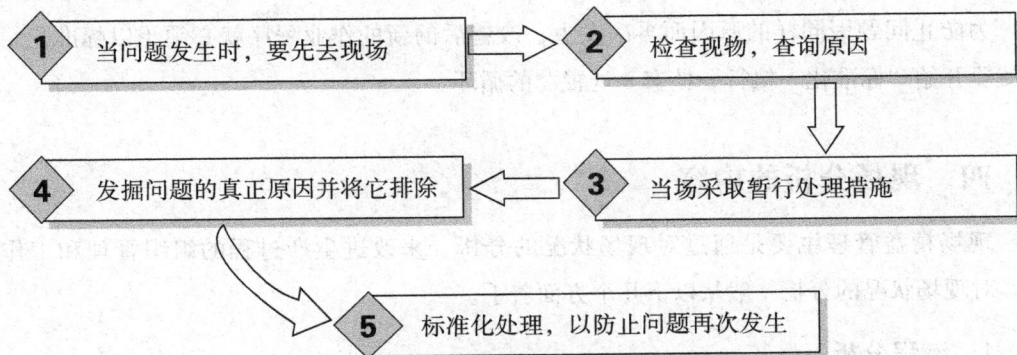

1 当问题发生时，要先去现场

2 检查现物，查询原因

4 发掘问题的真正原因并将它排除

3 当场采取暂行处理措施

5 标准化处理，以防止问题再次发生

图9　生产现场管理流程

1. 当问题发生时，要先去现场

现场管理的所有工作都是围绕现场进行的。当问题发生时，现场管理者首先要做的事就是去现场，因为现场是所有信息的来源。问题发生后，现场管理者能够随时掌握现场第一手的情况，观察事情的进展，并及时处理或向上级报告。

2. 检查现物，查询原因

现场管理者在现场详细检视后，应多问几个"为什么"，并尽量寻找解决问题的方法。有经验的现场管理者一般能借助经验确定问题产生的原因，而不用各种复杂的仪器去检测。例如，对于刚生产的一个不合格的产品，现场管理者通过将其握在手中，去接触、感觉并仔细地调查，然后再去看看生产的方式和设备，便可确定出产生问题的原因。

3. 当场采取暂行处理措施

认定了问题产生的原因后，现场管理者可以当场采取改善措施。如工具损坏了，可让生产人员先去领用新的工具或使用替代工具，以保证作业的继续进行。

但是，暂时的处置措施，仅是排除了问题的现象，并没有找到工具被损坏的真正原因，这就要求现场管理者必须去核查实物。

4. 发掘问题的真正原因并将它排除

如果现场管理者善于当场审查问题，90%的现场问题都能立即被解决。发掘现场问题原因最有效的方法之一就是持续地问"为什么"。当然，对于复杂的问题，光靠问"为什么"不一定能彻底解决问题，还要追根溯源，找到问题产生最根本的原因。

5. 标准化处理，以防止问题再次发生

现场管理者现场管理的任务就是实现企业生产的QCD（Quality，品质；Cost，成本；Delivery，交货期）。不过，在现场每天都会发生各种各样的异常现象，有不合格品、机器故障、生产未达标及员工迟到等。不管什么时候，问题发生了，现场管理者就必须去解决。为防止问题因同样的原因而再次发生，改善后的新的作业程序就必须予以标准化，接着就要开始"标准化→执行→核查→处置"的循环。

四、现场分析的内容

现场精益管理主要是通过对现场状况的分析，来改进生产过程的组织管理和工作方法。对现场状况的分析一般从以下几个方面着手。

1. 流程分析

分析哪些工艺流程不合理，哪些地方出现了倒流，哪些工序可以简化和取消。例如，

有一个企业设置了一个车间，把仓库放中间，第一台设备加工完的零件要送到仓库里，然后再取出来，由第二台设备进行生产加工。这个安排是不合理的，因为它走了很多重复的路线，如果把第一台设备加工完的零件直接连到第二台设备继续加工，就能提高劳动效率。

2．生产改进

分析生产、工作环境是否能够满足生产、工作需要和人的生理需要，提出改进意见。有些企业的环境只能满足生产的需要，而不能满足人的生理需要，如存在噪声、灰尘、有害气体、易燃易爆品、安全隐患等，所有这些不利于人的生理、心理和情绪的因素都应该进行改善。

3．合理布局

分析现场作业的平面布置和设备、设施的配置是否合理，有无重复和过长的路线。

4．确定合理方法

研究工作者的动作和工作效率，分析人与物的结合状态，消除多余的动作，确定合理的操作或工作方法。

5．落实补充办法

分析现场还缺少什么物品和媒介物，落实补充办法。现场除了设备和产品以外，还需要有工位器具，如果没有这些东西，现场也会混乱不堪。如何设计工位器具是一门学问，要发动员工人人动脑筋。

第 **1** 章

5S 现场管理法

第1节　术语解析

5S是指整理（Seiri）、整顿（Seiton）、清扫（Seiso）、清洁（Seiketsu）、素养（Shitsuke）等五个项目，因日语的罗马拼音均为"S"开头，所以简称为5S。开展以整理、整顿、清扫、清洁和素养为内容的活动，称为"5S"活动，具体内容如图1-1所示。

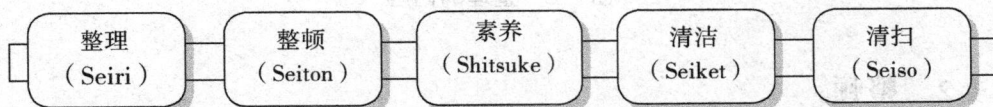

图1-1　5S的内容

1.1　整理

整理，即在工作现场区别要与不要的东西，然后只保留有用的东西，撤除不需要的东西。整理的内容如图1-2所示。

11

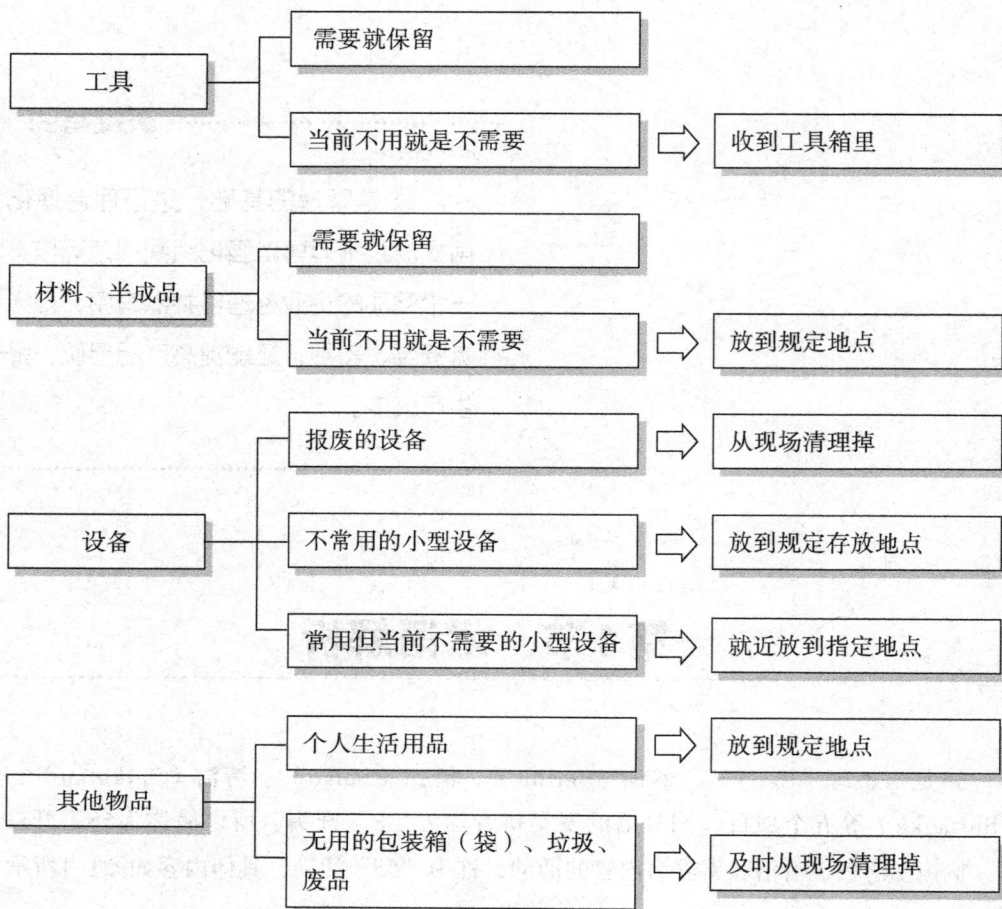

图1-2　整理的内容

1.2　整顿

整顿，即把要用的东西按规定位置摆放整齐，并做好标示进行管理。整顿的关键内容如图1-3所示。

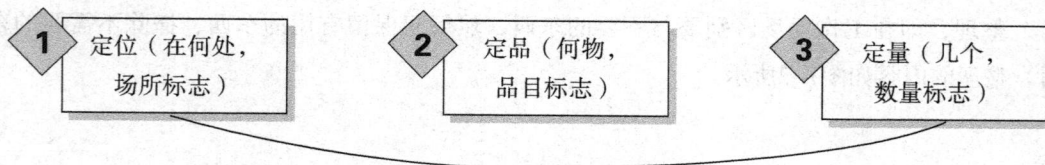

图1-3　整顿的关键内容

1.3　清扫

清扫，即对工作场所和设备进行清洁打扫。大扫除的注意要点如图1-4所示。

1	注意高空作业的安全
2	爬上或钻进机器时要注意
3	使用洗涤剂或药品时要注意
4	使用錾凿工具或未用惯的机器时要注意
5	不要因使用洗涤剂而导致设备生锈或损坏

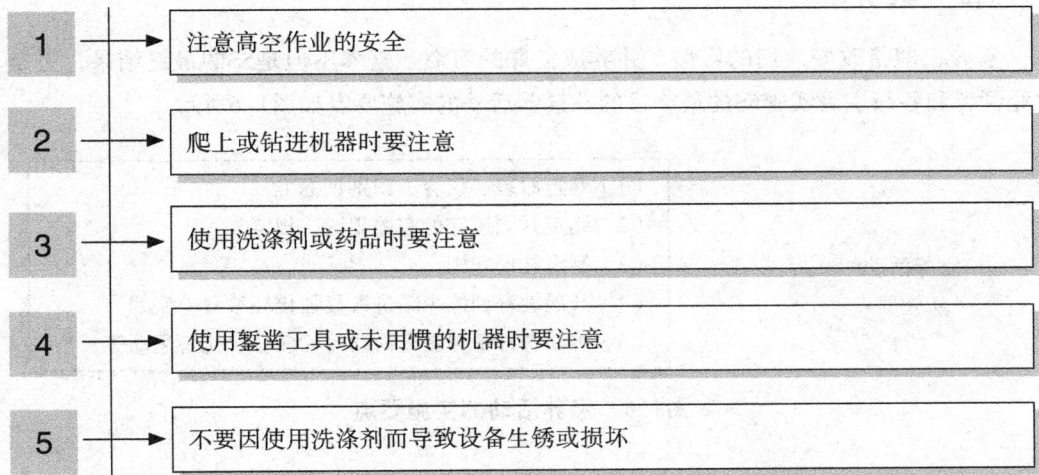

图1-4　大扫除的注意要点

1.4　清洁

清洁，即将整理、整顿、清扫实施的做法制度化、规范化，以维持其效果。清洁的步骤如图1-5所示。

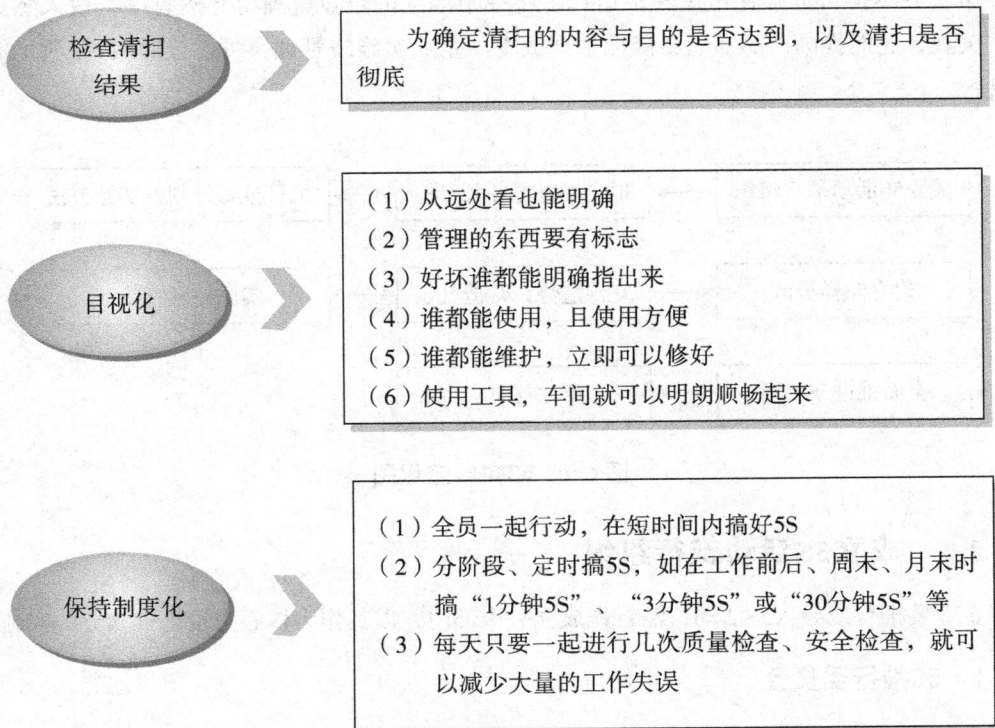

检查清扫结果　为确定清扫的内容与目的是否达到，以及清扫是否彻底

目视化
（1）从远处看也能明确
（2）管理的东西要有标志
（3）好坏谁都能明确指出来
（4）谁都能使用，且使用方便
（5）谁都能维护，立即可以修好
（6）使用工具，车间就可以明朗顺畅起来

保持制度化
（1）全员一起行动，在短时间内搞好5S
（2）分阶段、定时搞5S，如在工作前后、周末、月末时搞"1分钟5S"、"3分钟5S"或"30分钟5S"等
（3）每天只要一起进行几次质量检查、安全检查，就可以减少大量的工作失误

图1-5　清洁的步骤

1.5 素养

素养，即指改变人们的习惯，并养成良好的习惯。素养不但是5S的最终结果，更是企业经营者和各级主管实施5S的最终目的。素养活动的实施要点如图1-6所示。

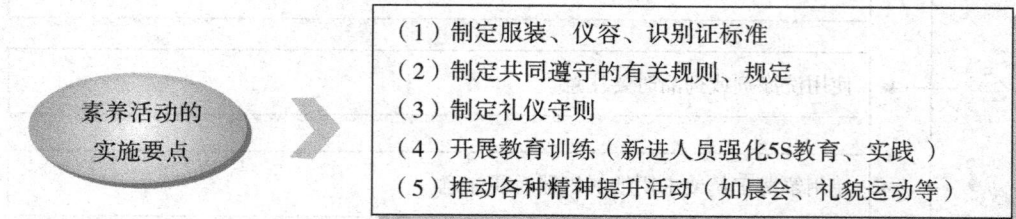

素养活动的
实施要点

（1）制定服装、仪容、识别证标准
（2）制定共同遵守的有关规则、规定
（3）制定礼仪守则
（4）开展教育训练（新进人员强化5S教育、实践）
（5）推动各种精神提升活动（如晨会、礼貌运动等）

图1-6　素养活动的实施要点

第2节　5S实施流程的管理

5S是管理的基础，是管理合理化的前提，是推行ISO 9000的结晶，是PDCA持续改善的第一步。5S不但可以强化组织规范运作，将一个混乱的企业整理得井然有序，使人感觉安全、美观，还能提高产品品质，降低生产成本。企业实施5S管理，可以按照图1-7所示的流程进行。

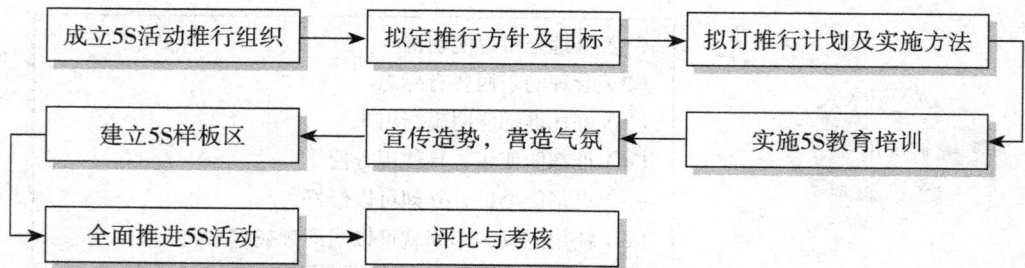

```
成立5S活动推行组织 → 拟定推行方针及目标 → 拟订推行计划及实施方法
                                                    ↓
建立5S样板区 ← 宣传造势，营造气氛 ← 实施5S教育培训
  ↓
全面推进5S活动 → 评比与考核
```

图1-7　5S实施流程图

2.1 成立5S活动推行组织

企业要推行或导入5S活动，需首先成立一个部门，以其作为核心力量来推动5S的实施。

1. 5S推行委员会

5S推行委员会的目的在于激活并持续推行5S活动，其任务是对5S活动进行规划、实施监督、评价和指导等。为此，5S委员会需定期（通常每个月）召开一次会议，讨论活动进展状况，听取各部门推行进展的汇报，其重点在于解决各部门在推行过程中遇到的各种问题，协调各部门的活动。

2．5S推行事务办公室

5S活动推行事务办公室主要负责制订和贯彻5S活动计划，对各个部门5S活动提供指导和支持，帮助各部门解决在活动推行过程中出现的问题。其具体职责如下。

（1）制订5S推行计划，并监督计划的实施。

（2）组织对员工的培训。

（3）负责对活动的宣传。

（4）制定推行办法和奖惩措施。

（5）主导全企业5S活动的开展。

3．各部门负责人及行动组组长

在各个部门或车间，部门或车间负责人是5S活动的推动者。除部门负责人以外，选举或指定一位或几位（根据部门规模而定）责任心强的骨干员工担任部门5S代表，负责实际推行部门的5S活动。5S代表可以从部门或车间负责人、主管、班组长中选出，也可以从积极上进的年轻员工中挑选出来。各部门负责人及行动组组长的职责如图1-8所示。

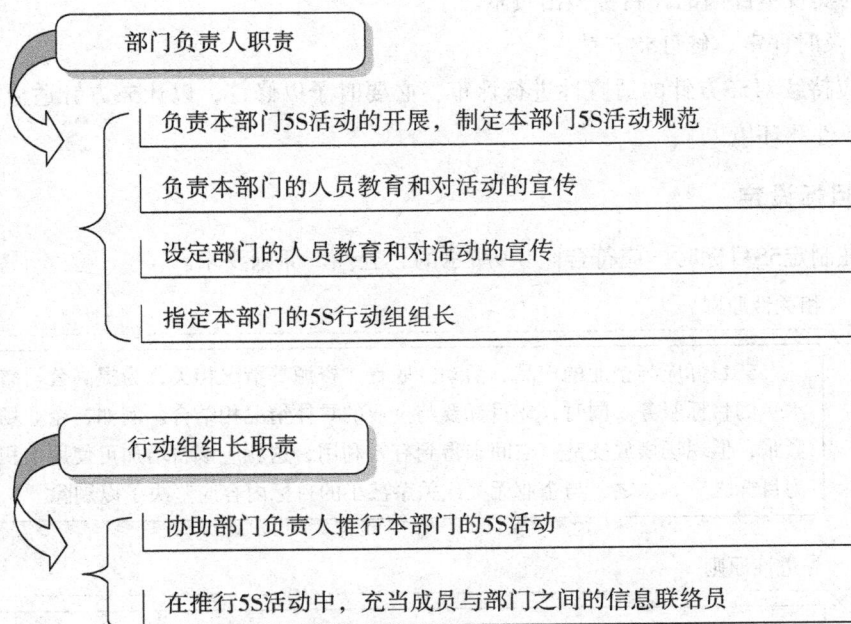

部门负责人职责

- 负责本部门5S活动的开展，制定本部门5S活动规范
- 负责本部门的人员教育和对活动的宣传
- 设定部门的人员教育和对活动的宣传
- 指定本部门的5S行动组组长

行动组组长职责

- 协助部门负责人推行本部门的5S活动
- 在推行5S活动中，充当成员与部门之间的信息联络员

图1-8　各部门负责人及行动组组长的职责

2.2 拟定推行方针及目标

公司要推行5S，需要先把方针确定下来。例如，为提高产品品质、生产率，员工要遵守企业理念，提高企业形象。目标则可以细分到要如何彻底地根除不良习惯，如何彻底地改善生产的方法等。

1. 制定切实可行的5S方针

（1）与企业宗旨相适应。

5S方针应根据企业宗旨、发展战略而制定。不同的企业由于其企业的类型不同，其经营宗旨各不相同，所以5S方针也应有所不同。

（2）抓住要点。

抓住要点，即向全体员工表现信心和决心。5S方针是全员对5S理解支持的聚焦点，因此，企业应该通过方针，向全体员工说明推行5S的意义和所要取得的最终目标，传达管理层的信心、决心和期望。要点应尽量使用简明易懂的语言表达。

（3）作为5S目标订立的框架和基础。

5S方针是企业建立5S体系目标的框架和基础。5S方针指出了企业总的宗旨和方向，而5S目标是对企业宗旨和方向的具体落实。因此，5S方针应切实可行，避免空洞。

（4）全员理解。

为贯彻5S方针，企业应做好宣传工作，使各级人员认识到所从事的5S活动的重要性，以及如何为实现本部门的5S目标做出贡献。

（5）及时评审、修订5S方针。

企业应持续对5S方针的适宜性进行评审，必要时予以修订，以让5S方针适应不断变化的内外部条件和环境。

2. 5S目标设定

企业在制定5S目标时，应符合图1-9所示的"五性"原则要求。

1 相关性原则

5S目标应与企业的产品、活动、职责、资源等情况相关，为提高公司整体水平的目标服务。同时，5S目标要与企业的具体情况相结合。例如，企业场地紧张，但现场摆放凌乱，空间未得到有效利用，这就应该将增加可使用面积作为目标之一。总之，与企业无关或关系甚小的目标内容应坚决予以剔除

2 先进性原则

目标应具有先进性，或者说具有挑战性，这样才能激发员工的改善意识和拼搏精神，让其为实现自己的目标和组织的目标而努力。目标定得过低就不能激发员工的工作热情，这样的目标就没有什么意义

3 可实现性原则

> 目标的先进性，并不是说目标定得越高越好。目标定得过高，员工如何努力也是无法达到的，这会挫伤他们的积极性和信心。努力而不可及的目标，是无意义的

4 可测量性原则

> 如果不能制定出定量目标，也应制定出定性目标，以使这些目标是可被监控的、可被测量的或可被考核的

5 时间性原则

> 目标有一定的时限性，决定了由谁做、做到什么程度，还必须明确在什么时候完成，这样才会给实施者一定的压力，保证整体进度。有时限要求的目标，对评价考核也有所帮助

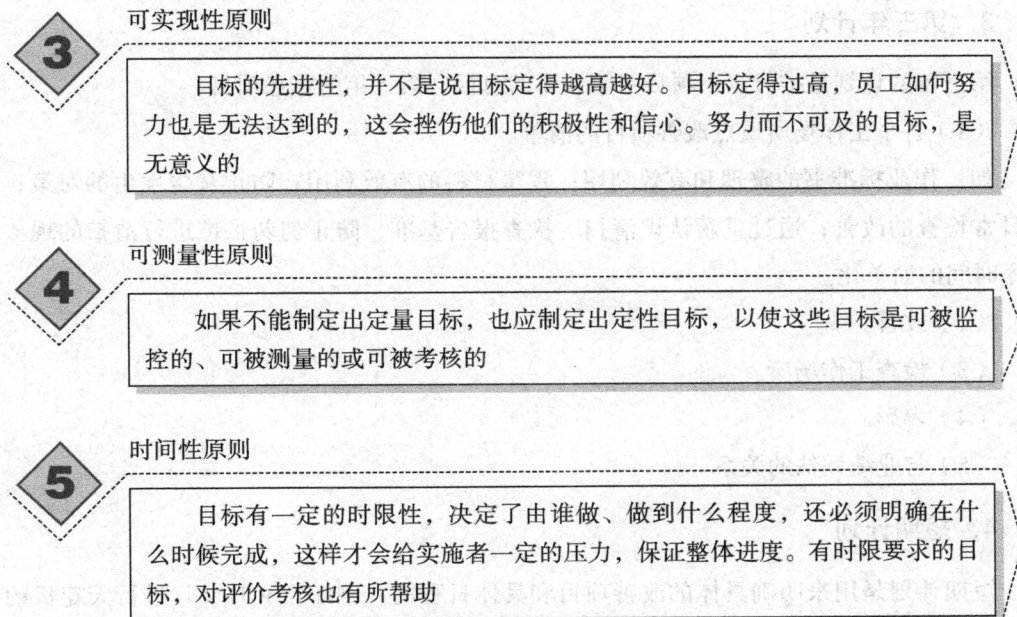

图1-9 "五性"的原则要求

2.3 拟订推行计划及实施方法

制订5S计划就是预先确定5W1H——做什么（What）、为什么做（Why）、什么时候做（When）、在什么地方做（Where）、由谁做（Who）、怎么做（How）等。5S计划需分阶段制订。

1. 第一年计划

第一年的计划是导入期。一般来说，车间地板和工具棚的整洁程度要取得被客人赞扬的效果大概需要两年时间，而要进一步提高生产效率则需要花三年左右的时间。

2. 第二年计划

第二年的计划主要是推行以下项目。

（1）列出各个工作场所重点改善项目的清单。

如：文件档案整理的确立；零件、零件供给架、模型架的整理和整顿；材料放置区域的改善；修理工具类的整理和整顿；公告牌设置；保持工作服的清洁。

（2）工作场所、作业场所的安排。

（3）进行改善。

（4）检查工作场所、作业场所。

（5）表彰。

3．第三年计划

第三年的计划是推行以下项目：第二年的总括、第三年的重点项目。

（1）各个工作场所重点改善项目的清单。

如：作业标准书的整理和有效利用；零星材料的有效利用；防止灰尘发生的对策；车床日常检查的改善；通过重新认识清扫、检查报告基准，防止匆匆忙忙进行清扫的现象；程序时间的简单化。

（2）改善。

（3）检查工作场所。

（4）表彰。

（5）与业绩评估的关系。

4．短期计划

短期计划是用来明确具体的改善项目和具体日程的。例如，×月×日进行天花板的扫除活动等。每个短期计划完成之后，就在该计划上用记号画掉。

2.4　实施5S教育培训

企业一定要让各级管理人员和全体员工了解为何要推行5S活动以及如何去做。同时，管理者还应告知员工开展5S活动的必要性和好处，以便激发大家参与的积极性和投入热情的程度。

1．培训骨干人员

为彻底开展并持续推行5S活动，企业需要由骨干人员组成的推行组织对其进行指导，制定活动方案，制定各种标准和规定，并通过一些评比、竞赛来为活动制造高潮，以激发员工的参与热情。在活动发起前，企业需要有意识地培养一批对5S的基本知识和推行要领有较好认识的人员。

5S活动开始发起时虽然不是人人都能理解，都能有所认识，但如果有几个或者一批骨干员工具有较好的5S知识，这对活动的推行将会是非常有利的。

2．培训普通员工

普通员工也需对其实施必要的5S培训，以让其正确认识5S。一般来说，普通员工的培训内容主要包括以下几个方面。

（1）5S的内涵。

（2）推行5S活动的意义。

（3）企业对推行5S活动的态度。

（4）5S活动目标和活动计划。

（5）有关的评比和奖励措施等。

3．培训的方式

5S的教育培训通常是与活动实施同步进行的。培训方式按授课形式可分为课堂培训和现场培训；按师资来源可分为自行培训和外力培训两种，具体内容如图1-10所示。

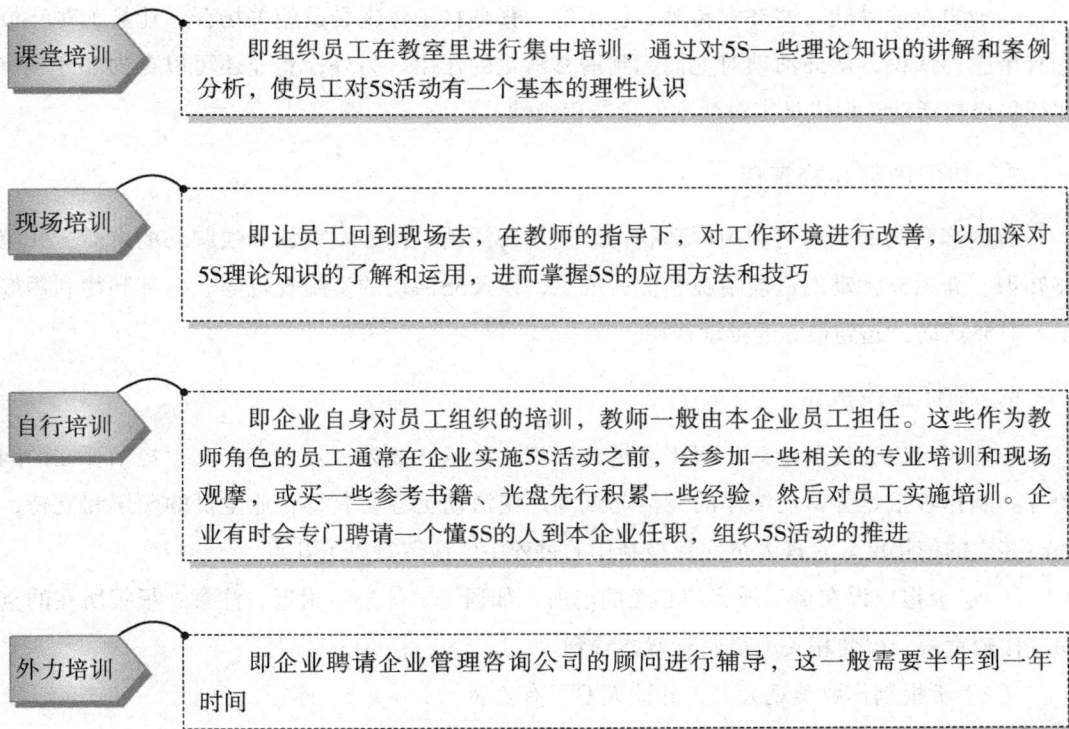

课堂培训　即组织员工在教室里进行集中培训，通过对5S一些理论知识的讲解和案例分析，使员工对5S活动有一个基本的理性认识

现场培训　即让员工回到现场去，在教师的指导下，对工作环境进行改善，以加深对5S理论知识的了解和运用，进而掌握5S的应用方法和技巧

自行培训　即企业自身对员工组织的培训，教师一般由本企业员工担任。这些作为教师角色的员工通常在企业实施5S活动之前，会参加一些相关的专业培训和现场观摩，或买一些参考书籍、光盘先行积累一些经验，然后对员工实施培训。企业有时会专门聘请一个懂5S的人到本企业任职，组织5S活动的推进

外力培训　即企业聘请企业管理咨询公司的顾问进行辅导，这一般需要半年到一年时间

图1-10　培训的方式

2.5　宣传造势，营造气氛

在全面推进5S管理活动中，宣传造势是十分重要的一个环节，它能够增强5S活动开展的气氛。在5S活动的开展过程中，企业可通过宣传栏、电子看板、局域网等方式对其进行广泛宣传；各部门也应积极制订5S宣传计划，开展宣传活动，并鼓励员工积极参与。

1．召开5S动员会议

5S动员会的目的是激发起大家参与5S活动的热情。在大会上，责任人宣誓、表决心，是为了让全体员工尤其是管理人员认识到5S活动的重要性。会议的要点（以下以有顾问人员参与的情形来说明）如下。

（1）介绍顾问组成员及各部门负责人相互认识。

（2）主持人介绍推行5S管理项目的前提、目的和必要性。

（3）顾问组就辅导流程及要求进行说明。

（4）各部门负责人就配合整个项目的全面推行进行宣誓或表决心，并签责任状。

（5）公司最高管理者总动员讲话并提出要求。

2．活动口号征集和5S标语制作

企业自制或外购一些5S宣传画、标语等，张贴在工作现场及相关场合，让员工对5S概念有个感性认识，使5S活动对他们起到潜移默化的作用。另外，企业还可以在内部开展有奖征集口号活动，促进员工对活动的参与积极性。

3．利用内部刊物宣传

有内部刊物的企业可利用内部刊物来宣传5S活动，例如发表领导强调5S的讲话、介绍5S知识、介绍5S活动的进展情况和优秀成果，以及5S活动的实施规范等。内部刊物利用好了可对5S活动，起到很好的推动作用。

4．制作宣传板报

企业还可以通过制作5S板报来宣传5S知识、展示5S成果、发表5S征文、提示存在的问题等。制作板报是为营造浓厚的5S活动氛围，使活动更容易获得企业全员的理解和支持，提高客户的信赖度。管理人员在板报制作的过程中，应留意以下几点。

（1）板报应设在员工或客户必经的场所，如通道、休息室附近。注意：板报所在的空间应比较宽敞，以便相关人员站着就能看到。

（2）板报制作要美观大方，并让人看了有美感。

（3）对板报要进行规划。

5．制作推行手册

为实现全员了解和执行5S的目标，企业最好能制定推行手册，并且人手一册，通过讨论学习，让相关人员确切掌握5S的定义、目的、推行要领、实施办法、评鉴办法等，并按照标准要求严格执行。

2.6 建立5S样板区

在5S活动导入的过程中，企业有时会遇到各种各样的问题，如果这些问题得不到解决，5S活动的推行就会很困难。鉴于此，企业应指定一个车间或者一个区域作为样板区，通过快速的活动所取得的成果来告诉各级管理人员和员工，只要有决心和信心，5S是能够成功的。样板区5S活动的主要流程如图1-11所示。

1 指定样板区

（1）根据具体情况（现状和负责人对活动的认识）指定样板区
（2）制作并悬挂"5S活动样板区"标牌

2 样板区人员培训和动员

（1）对主要推进人员进行培训
（2）对样板区全员进行活动动员和相关知识培训

3 样板区问题点记录，分类整理

（1）记录所有5S问题点（以照片等形式）
（2）制作整理、整顿、清扫、修理、修复及油漆对象清单

4 制订5S活动具体计划

　制订整理、整顿、清扫、修理、修复、油漆的具体计划（时间、地点、人员、材料、工具）等

5 实施5S活动

（1）区域责任划分
（2）寻"宝"活动
（3）进行红牌作战
（4）实施目视管理

6 5S成果总结和展示

（1）以照片等形式记录改善后的状况（定点拍照），整理并对照改善前后的照片等
（2）总结并报告5S活动成果，把有典型意义的事例展示出来

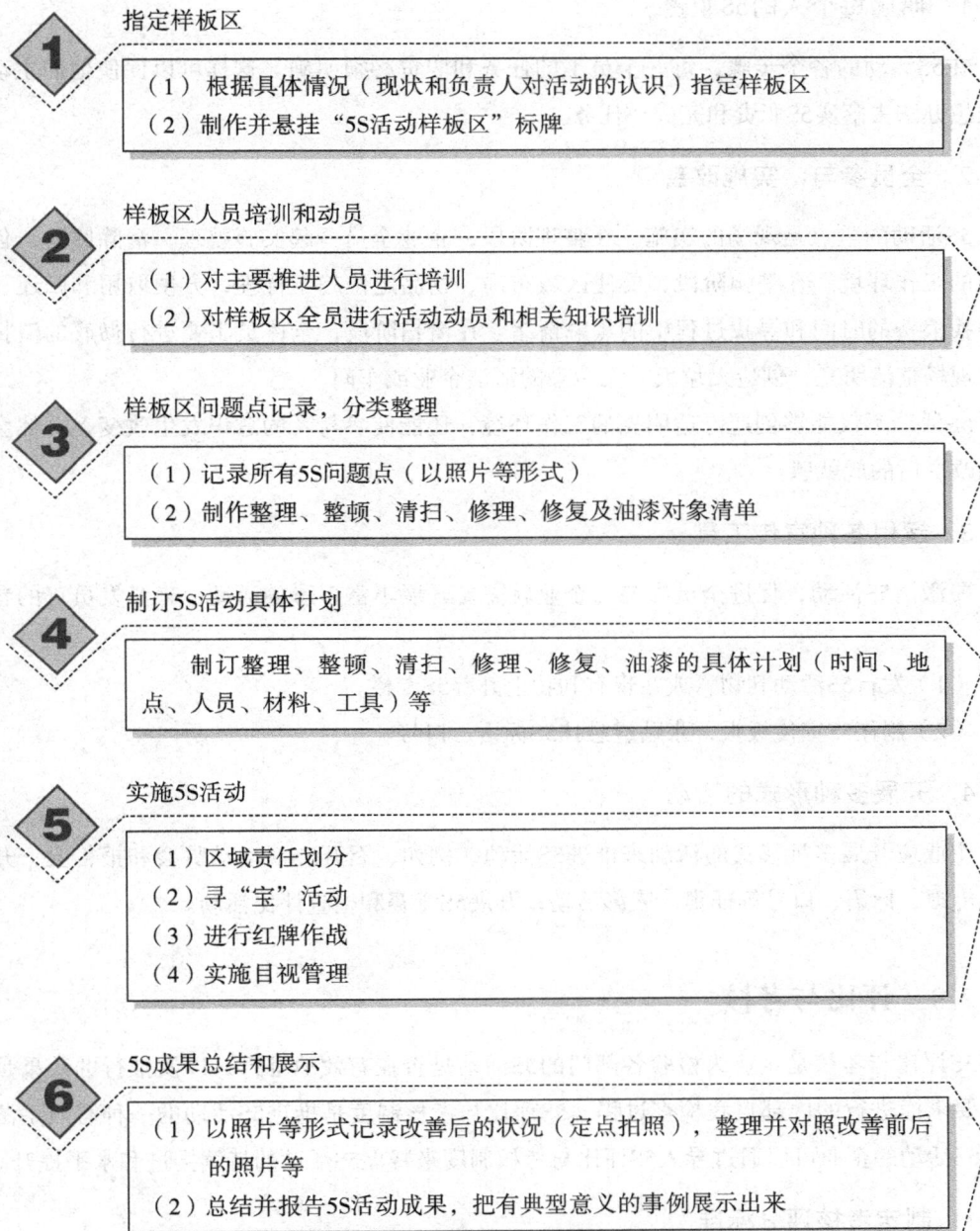

图1-11　样板区5S活动的主要流程

2.7　全面推进5S活动

在样板区5S活动推行成功后，企业就可以依照样板区的工作标准、工作经验在各车间、各部门大面积地横向展开5S活动。

1．明确每个人的5S职责

在5S活动的各个步骤，每一个员工的任务和职责必须明确。这样可以促使他们主动下功夫想办法去落实5S职责和完成5S任务。

2．全员参与，实施改善

5S活动的重点是现场的实施。在整理阶段，企业全员一起实施整理，清除废物，创造舒适的工作环境。在整顿阶段，要使区域布局、物品定位趋于合理，方便取用和归还，排除寻找浪费的时间和寻找过程中的焦虑情绪。在清扫阶段，全体员工要进行彻底的清扫，力求现场整洁明亮，创造无垃圾、无污染的清洁企业或车间。

5S活动不仅能够创造舒适明亮的工作环境，还能使参与者的意识发生改变，并体会到现场改变后的成就感。

3．运用各种宣传工具

要激活5S活动，促进全员参与，企业就需要开展丰富多彩的活动，来激发员工的参与热情。

（1）发行5S活动刊物，或在现有刊物上开辟5S专栏。

（2）制作5S宣传板报，张贴或悬挂5S标语、口号。

4．开展多种形式的活动

企业应开展多种形式的活动来推进5S活动，例如，召开5S活动动员会和报告会；开展5S宣传画、标语、口号等征集、表彰活动；开展5S竞赛和检查评比活动。

2.8　评比与考核

5S评比与考核是企业为检验各部门的5S活动是否在有效地推行，以及推行的效果是否达到要求而进行的内部自我检查过程。5S评比与考核制度是推进5S活动的一种有效手法，推行5S活动的企业可以通过导入5S评比与考核制度来督促5S活动的持续推进和水平提升。

1．制定考核评分标准

通常，对企业而言，5S的检查评分标准分为两种：一种是用于工作现场的评分标准，适用于车间、仓库等一线部门；另一种是部室评分标准，适用于办公室等非生产一线的工作场所。评分标准中的内容一般按整理、整顿、清扫、清洁和素养这五个方面来制定，也可以根据所在地方的布置情况来进行设计。

2．准备评分道具

企业制定好评分标准以后，就要着手准备评分道具了。

（1）评分用档案夹（封面作清楚标示）。

（2）评分标准表（放入档案夹封面内页）。

（3）评分记录表（夹于档案夹内）。

（4）"评分员臂章"及"评审人员作业标准"（例如参考路线、时间，档案夹的传递方法，评分表上交时间，缺勤安排方法，评分表填写方法）。

3．确定评分时间

评分开始时频度应较密，保持每日一次或每两日一次，一个月作一次汇总，并以此作为奖惩依据。

4．确定评比与考核组成员

评比与考核组一般由3～5名人员组成。其中，设组长一名。评比与考核组的成员由推行事务办公室的人员、一些部门的负责人或5S代表组成。注意：被评比与考核部门的人员不能进入评比与考核组。

5．确定检查内容

由于每个部门的实际情况都不一样，评比与考核组需要根据被评比与考核部门的具体情况确定诊断时应该重点检查的事项，以便使评比与考核工作有的放矢。

第3节　5S活动执行的管理

3.1　整理的执行

所谓整理，就是把要与不要的人、事、物分开，再将不要的人、事、物加以处理，使事物的处理简单化。对企业而言，即将企业工作场所中（或负责的部门范围内）的物品、机器设备清楚地区分为必需品与非必需品后，妥善地保管必需品，处理或报废非必需品。整理的过程如图1-12所示。

```
┌─────────────────────────────────┐
│         设定准则                 │
│   将必需品和非必需品区分开来     │
└─────────────────────────────────┘
                │
┌─────────────────────────────────┐
│         确定非必需品             │
└─────────────────────────────────┘
                │
┌─────────────────────────────────┐
│  ◆开展寻宝活动   ◆定点摄影      │
└─────────────────────────────────┘
                │
         ◇小组中有共识吗？◇ ── 有
                │
               没有
                │
┌─────────────────────────────────┐
│   寻求解决办法，例如修改准则     │
└─────────────────────────────────┘
                │
┌─────────────────────────────────┐
│   把红色标签张贴在非必需品上     │
└─────────────────────────────────┘
                │
┌─────────────────────────────────┐
│        将必需品再分类            │
└─────────────────────────────────┘
                │
┌─────────────────────────────────┐
│ 处理非必需品（丢弃、放回仓库或卖掉）│
└─────────────────────────────────┘
```

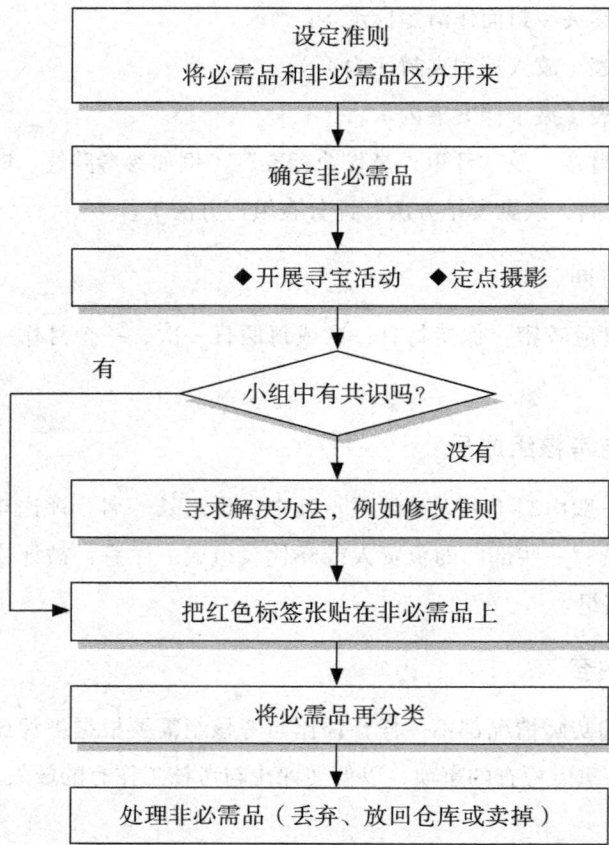

图1-12 整理的过程

1. 制定整理的三大基准

（1）要与不要的基准

"全部都有用，全部不能扔"是5S推行的一大阻力，它完全违背了5S的原则。其实，"非必需品"摆放所造成的浪费远远大于其潜在的利用价值，所以必须把看得到和看不到的地方进行全面彻底的整理。在这个过程中，企业需要制定一份"必需品与非必需品的判别基准"，让员工清楚知道哪些是"真正需要"的，哪些是"确实不需要"的。

（2）保管场所基准

保管场所基准指的是到底在什么地方"要"与"不要"的判断基准。企业可以根据物品的使用次数、使用频率来判定物品应该放在什么地方才合适。企业在制定判断基准时应对保管对象进行分析，根据物品的使用频率来明确应放置的适当场所，并编制保管场所分析表。

（3）废弃处理基准

工作失误、市场变化、设计变更等诸多因素是企业或个人无法控制的。因此，非必需品是永远存在的。对非必需品的处理方法，通常要按照以下两个原则来执行。

其一，区分申请部门与判定部门。

其二，由一个统一的部门来处理非必需品。

以下提供非必需品的处理清单供参考。

【范本1-01】非必需品处理审批单

非必需品处理审批单

部门：   日期：_____年___月___日

物品名称	规格型号	单位	数量	处理原因	所在部门意见	推委会意见	备注

制表：   审核：   批准：

2．现场检查

企业应对工作现场进行全面检查，特别是不引人注意的地方。如设备内部、桌子底部、文件柜顶部等位置。各部门的检查重点可参照表1-1所示的内容。

表1-1　各部门的检查重点表

部门	区域或部位	检查重点
生产部门	地面	（1）有无"死角"或凌乱不堪的地方 （2）有无闲置或不能使用的输送带、机器、设备、台车、物品等 （3）有无品质有问题的待修品或报废品 （4）有无散置于各生产线的清扫用具、垃圾桶等 （5）作业场所有无不该有的东西，如：衣服、拖鞋、雨伞、皮包等
	架子、柜子或工具箱	（1）工具箱或柜子内的扳手、铁锤、钳子等工具是否整齐有序 （2）架子或柜子上有无散置的破布、手套、剪刀
	办公桌、事务柜	（1）桌面上有无任意摆置的报表、文卷、数据等 （2）陈列于事务柜内的档案资料是否整齐有序
	模具、治具架	（1）有无不用或不能用的模具、治具 （2）有无非必需品掺杂于架上

（续表）

部门	区域或部位	检查重点
行政部门	公文、资料	（1）有无不用或过期的公文、资料任意摆放 （2）有无私人文件资料掺杂于一般资料内 （3）公文、资料是否定期或定时归档
	办公桌、办公室	（1）办公桌上有无摆放与工作无关的物品或资料 （2）办公室内是否有各种非必需品
	档案夹、事务柜	（1）档案夹有无任意放置于办公桌或事务柜内 （2）档案夹或事务柜是否能正常使用 （3）是否定期清理档案夹中过期的文件、资料
仓储部门	储存区域	（1）储存区域规划是否妥当，有无空间浪费 （2）材料有无直接放在地上
	材料架	（1）材料架上是否有好几年没用过的材料 （2）材料有无混放

3. 定点摄影

定点摄影法是一种常用的5S活动方法，它是指从同样的位置、同样的高度、同样的方向，对同样的物体进行连续拍摄。拍摄的照片可以贴在图表上，并以此为基础召开会议。

在定点摄影图表上的第一阶段（通常制作四个阶段）里记下摄影日期，贴上照片，记入评分。评分从低到高为1分、2分、3分、4分、5分。建议档的填写较随意，可以由上级填写建议，也可以填写对员工的要求等。每次实施取得一定的改善效果后，应再次摄影，并按时间顺序贴上新照片。

4. 非必需品的清理与判定

这一阶段的活动也被称为"寻宝活动"。所谓"宝"，是指需要彻底找出来的无用物品。寻宝活动是针对各个场所里的一些死角、容易被人忽视的地方而进行的整理活动，其目的明确，针对性强，容易取得实效。非必需品的判定步骤如下。

（1）把那些非必需品摆放在某一个指定场所，并在这些物品上贴上红牌。

（2）由指定的判定者对等待判定的物品进行最终判定，决定将其卖掉、挪用、修复还是修理等。

5. 非必需品的处理

对贴了非必需品红牌的物品，相关人员必须一件一件地核实现品实物和票据，确认其使用价值。若经判定，某物品被确认为有用，那么就要揭去非必需品红牌。若该物品被确认为非必需品，则应该具体决定处理方法，并填写非必需品处理栏目。一般来说，非必需品的处理方法有以下几种。

（1）改用于其他项目或其他需要的部门。

（2）对不良品或故障设备进行修理、修复，恢复其使用价值。

（3）无法再发掘使用价值的物品，交由专业公司回收处理。

（4）与供应商协商退货，或者（以较低的价格）卖掉，回收货款。

6．对整理进行评估

在整理进行到一定阶段时，企业必须对其进行评估，具体可参照表1-2所示的要求来进行。

表1-2　工作场所整理评估表

工作地点：

企业：　　　　　批次：　　　　　部门：　　　　　日期：

分数：4=100%　3=75%～99%　2=50%～74%　1=25%～49%　0=0～24%		
序号	需要整理的区域	分数	如果分数小于4，指出对策，时间安排和负责人
1	无用的盒子、货架和物料箱		
2	废弃的工具、备件和设备		
3	不需要的工具箱、手套和橱柜		
4	剩余的维修物品		
5	个人物品		
6	过量存货		
7	无用的文件		
8	"一就是最好"：一套工具/文具		
9	"一就是最好"：一页纸的表格/备忘		
10	"一就是最好"：文件放在一处共享		
其他			

3.2　整顿的执行

整顿就是将所需要的物品放在一个固定的位置，当员工需要它时，能不假思索地在最短时间内取出来用。整顿能使工作场所一目了然，能节约员工在作业时寻找物品的时间，能消除过多的积压物品，能创造整洁的工作环境。整顿的执行流程如图1-13所示。

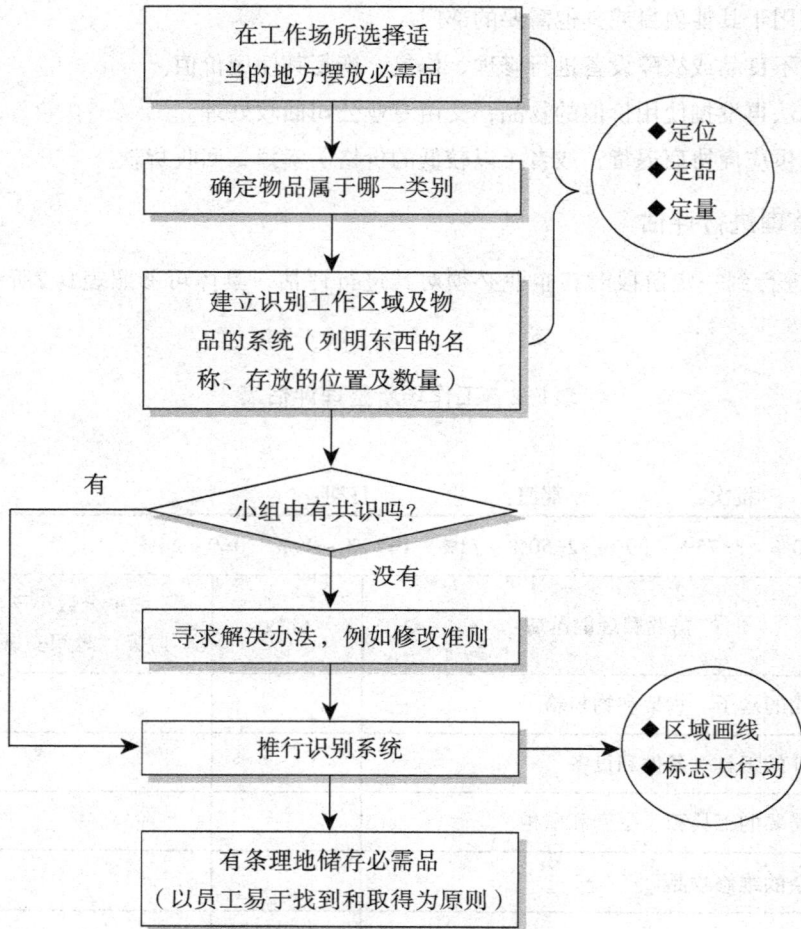

图1-13　整顿的执行流程

1．工具类整顿

（1）工装夹具等频繁使用物品的整顿。

（2）切削工具类的整顿。

2．设备的整顿

设备的整顿以容易清扫、操作和检修为原则，但还是"安全第一"最重要。

3．机台、台车类整顿

机台、台车类的整顿应注意以下几点。

（1）先削减作业台、棚架的数量。以"必需的台、架留下，其他的丢弃或加以整理"为原则，现场只留必需的台、架。

（2）台或架的高度不齐时，可在其下方加垫，垫至高度平齐。台或架可加装车轮使之方便移动；并制作能搭载作业必需品的台车，在换模、换线或零件替换时，可以将台车作整组更换。

（3）台或架等不可直接放置在地面上，应置于架高的地方上，这样在清洁时才会比较容易。

4．配线、配管的整理、整顿

配线、配管的整理、整顿方法如下。

（1）可以在地板上架高或加束套以防止擦伤、震动。

（2）采取直线、直角的安装方法，以防松脱。

（3）将地下配线全部架设到地面上，并垫高脚架，在每一条线上标上名称、编号和颜色，以便管理。

5．材料的整顿

材料的整顿应遵循以下两点。

（1）定量定位存放。

（2）确保先进先出。

6．清扫用具的整顿

清扫用具的整顿应遵循以下四点。

（1）扫把、拖把不要放置在明显处。

（2）清扫用具不要放置在配电房或主要出入口处。

（3）长柄用具（如扫把、拖把等）应用悬挂方式放置并且要下设滴水接盘。

（4）簸箕、垃圾桶等要定位放置且放稳。

7．消耗品类整顿

为防止消耗品到处散落，可用较小的盒子将它们装好，但不要装满。在收存盒子时一定要加封盖，以免混入其他类似零件。

8．危险品的整顿

危险物品的存放一定要按照危险品的存放要求和标准进行。如某类化学品必须存放在阴凉的地方，又或者某类化学品不能与某类物品一起存放等，所有这些相关的知识，都应该事先了解清楚。

9．在制品的整顿

在生产现场，除了设备和材料，在制品是占据生产用地最多的物品，因此，也是生产现场整顿的主要对象。

10．公告物的整顿

（1）设定固定张贴区域，不能随处张贴。

（2）未标示及超过期限的东西不可张贴。

（3）胶带遗留的痕迹一定要擦拭掉。

（4）公告物上端要取一定的高度平齐张贴，以显得整齐划一。

（5）垂吊式看板，高度设定要统一。

（6）要确定固定好，以免被风吹动或掉落。

11．仓库的整顿

仓库以定位、定量、定容来整顿。

12．办公室的整顿

工作区域、资料档案、看板、公告栏、会议室、教室等以定位、定置来整顿。

3.3 清扫的执行

清扫是将工作场所、设备彻底清扫干净，使工作场所保持一个干净、宽敞、明亮的环境。其目的是维护生产安全，减少工业灾害，保证产品品质。清扫实施的工作程序如图1-14所示。

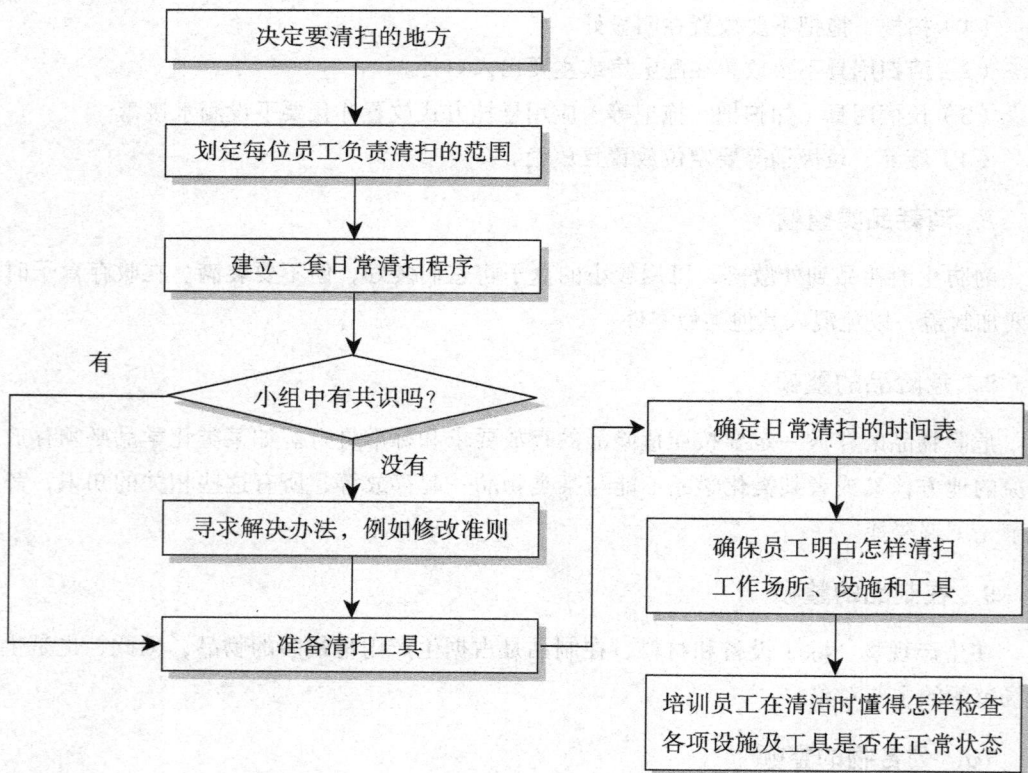

图1-14 清扫实施的工作程序

1．确定清扫责任区域与人员

清扫前须确定清扫责任人及清扫周期（是每天清扫，或是隔日清扫）。

2．公共区域清扫日程化

公共区域的清扫可采用轮流值日制，可利用值日表予以日程化。

3．确定清扫部位、要点、重点

确定了由谁来执行经常性的清扫后，接下来需考虑清扫部位、要点、重点。

4．扫除工作岗位的一切灰尘污垢

作业人员要自己动手清扫工作岗位，以清除常年积攒的灰尘污垢，地板、墙壁、天花板甚至灯罩的里边都要打扫得干干净净。

5．清扫、检查机器设备

把污秽、灰尘尤其是原材料加工时剩余的边脚料清除掉后，磨耗、瑕疵、漏油、松动、裂纹、变形等问题就会彻底地暴露出来。此时，相关人员就可以采取相应的弥补措施，使设备处于完好整洁的状态。

6．及时整修

要及时解决在清扫中发现的问题。例如，如果发现地板凹凸不平，就要及时对其进行整修，以免车辆颠簸造成搬运物品的损坏。

7．检查清扫结果

将清扫部位和要求都以表格形式明确地固定下来，以便每日按照要求进行检查。检查结果记录下来，作为员工或部门5S考核的依据。

8．调查脏污的来源，从根本上解决问题

即使每天都进行清扫，油渍、灰尘和碎屑还是无法杜绝，相关人员须查明污染的发生源，从根本上解决问题。

3.4　清洁的执行

清洁就是将整理、整顿、清扫进行到底，并且制度化、标准化。清洁实施的工作程序如图1-15所示。

```
┌──────────────────────┐
│  增加工作场所的透明度  │
│  及突出需要清洁的地方  │
└──────────────────────┘
          ↓
┌──────────────────────┐
│  找出所有影响工作环境的安全  │
│  及健康问题（例如油烟、粉尘、噪声  │
│  及有烟雾）  │
└──────────────────────┘
          ↓
┌──────────────────────┐                    ┌──────────────────────────┐
│      建议改善行动      │                    │  把每一项工作场所的工作标准化  │
└──────────────────────┘                    └──────────────────────────┘
          ↓                                              ↓
  有  ◇ 小组中有共识吗? ◇                    ┌──────────────────────────┐
          │                                  │  采用目视工具（如张贴合适标签  │
          │没有                              │  及标志）使每项工作能一目了然  │
          ↓                                  └──────────────────────────┘
┌──────────────────────┐                                 ↓
│      寻求解决办法      │                    ┌──────────────────────────┐
└──────────────────────┘                    │  持续保持整理、整顿及清扫  │
          ↓                                  │  等活动以确保工作场所标准  │
┌──────────────────────┐                    └──────────────────────────┘
│      推行改善行动      │
└──────────────────────┘
```

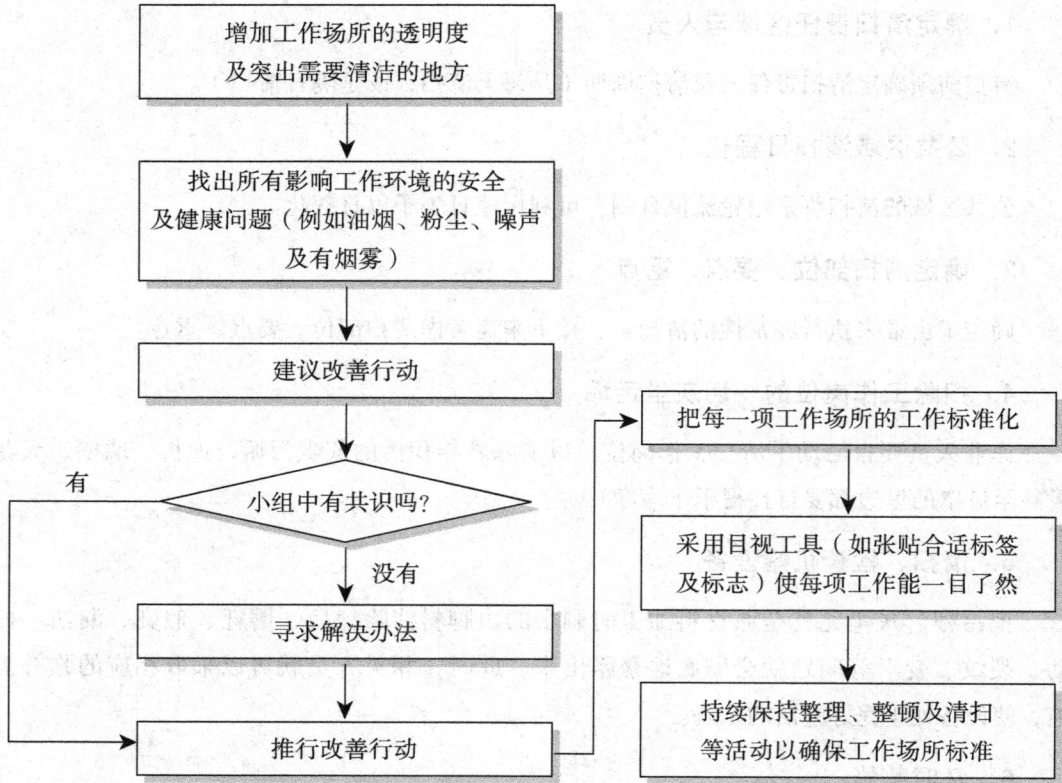

图1-15　清洁的流程

1.3S检查

在开始时，5S小组要对"清洁度"进行检查，并制定填写详细的明细检查表，以明确"清洁的状态"。

2．设定"责任者"，加强管理

"责任者"（负责的人）名字必须以较厚卡片和较粗字体标示，且张贴或悬挂在责任区最显眼的地方。

3．坚持实施5分钟3S活动

无论是生产现场还是行政办公室，在每天工作结束之后，员工都应花5分钟对自己的工作范围进行整理、整顿、清扫活动。

4．5S目视化

在5S活动中，通常整理、整顿、清扫做得最差的地方，往往是看不到的场所，如藏在铁架或设备护盖背后的东西。遇到此类问题时，企业可以利用目视管理，例如，取下护盖让它透明化，或在外部护盖上加装视窗，以看到里面的电气控制盘。

5．适时深入培训

在3S活动开展初期，作业人员接受的是大众化的培训内容，他们在将活动与自己的具体工作结合时，往往不知道从何做起。这就要求培训人员（管理人员）深入到每一个工序，与作业人员交换意见，制定具体的3S项目。

6．3S活动标准化

整理、整顿、清扫活动推进到一定程度，就进入了实施标准化的阶段，否则，员工就会按自己的理解去做，活动实施的深度就会很有限。

3.5 素养的执行

素养不但是5S的"最终结果"，更是企业经营者和各级主管所期和"最终目的"。如果企业里每一位员工都有良好的习惯，并且都能遵守规章制度，那么工作命令的贯彻、现场工艺纪律的执行、各项管理工作的推进，都将很容易地落实下去，并取得成效。素养活动的推行过程如图1-16所示。

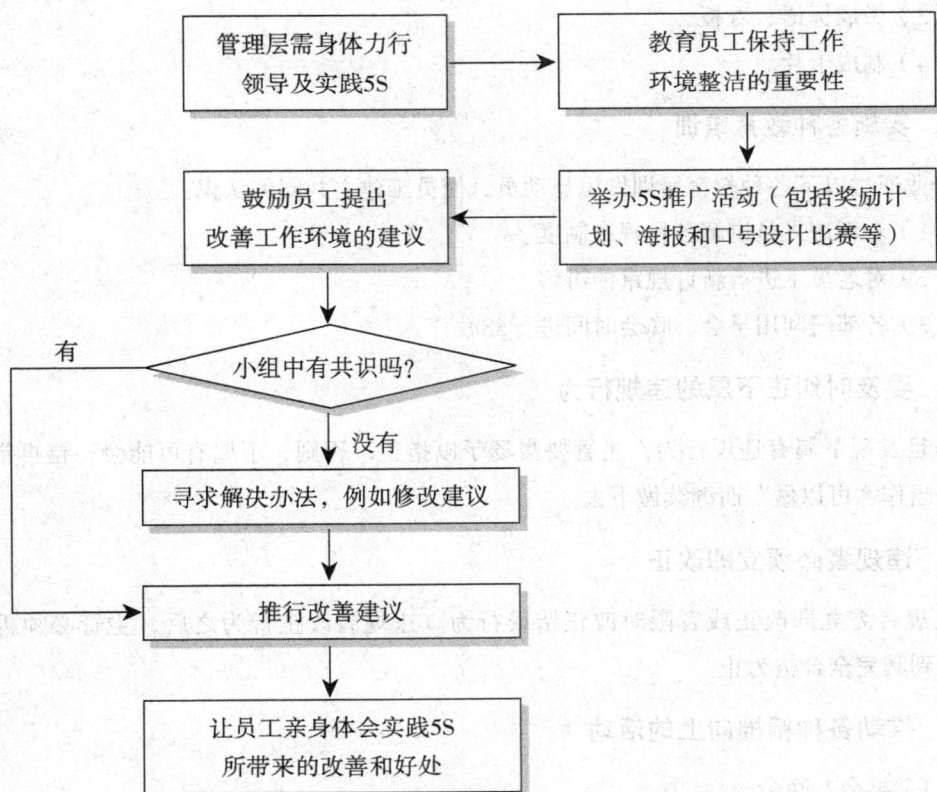

图1-16　素养活动推行过程

1．继续推动前4S活动

前4S是基本活动，也是手段，它能使员工在无形中养成一种保持整洁的习惯。

2．建立共同遵守的规章制度

共同遵守的规章制度包括以下几点。

（1）厂规厂纪。

（2）各项现场作业标准。

（3）生产过程工序控制要点和重点。

（4）安全卫生守则。

（5）服装仪容规定。

3．将各种规章制度目视化

目视化可以让规章制度一目也然。规章制度目视化的做法如下。

（1）订成管理手册。

（2）制成图表。

（3）做成标语、看板。

（4）制成卡片。

4．实施各种教育培训

企业通过以下各种教育培训做思想动员，使员工建立共同的认识。

（1）对新进人员讲解各种规章制度。

（2）对老员工进行新订规章的讲解。

（3）各部门利用早会、晚会时间进行5S教育。

5．要及时纠正下属的违规行为

一旦发现下属有违规行为，主管要当场予以指正。否则，下属有可能会一错再错，或把错误当作"可以做"而继续做下去。

6．违规者必须立即改正

违规者需立即改正或者限时改正错误行为。违规者改正行为之后，主管必须再做检查，直到其完全合格为止。

7．推动各种精神向上的活动

（1）早会、晚会。

（2）推动方针政策和目标管理。

（3）教育礼貌活动。

（4）实施适合企业员工自主改善的活动。

下面提供一份某企业的5S个人日常检查标准的范本，供读者参考。

【范本1-02】5S个人日常检查标准

5S个人日常检查标准

部门： 　　　员工姓名： 　　　评分日期：　　　年　　月　　日

序号	项目	细目	要求	分值	评分
1	地面	表面	保持清洁，无污垢、碎屑、积水、异味等	2	
			地面无跌落零件、物料等	2	
			地面无破损，划线、标志清晰无剥落	2	
		通道	区划线清晰；无堆放物；保持通畅	2	
		耗材	在定位区内摆放整齐，无压线	2	
			堆叠不超高；暂放物有暂放标志	2	
			分类摆放在定位区内，有明显标志	2	
			包装箱标志清楚，标志向外；无明显破损及变形	2	
			周转箱保持干净，呆料处理及时	2	
			暂时放于指定区域外要按暂放要求操作，并指明责任人	2	
			合格品与不合格品区分明确	2	
		货架	有架号分类及管理标志，无多余标贴	2	
			料卡相符	2	
		推车叉车	定位放置，标志明确	2	
			保持清洁，无破损，零配件齐全	2	
		专门区域	专门区域有明显标志，无其他物品；地面干净无积水	2	
		清洁用品	按要求整齐摆放，用品本身干净完好	2	
			及时清理垃圾筒，拖把拧干	2	
		垃圾	分可回收垃圾与不可回收垃圾	2	
2	墙、天花板	墙面	保持干净，无非必需品；贴挂墙身的物品应整齐合理	2	
		门、窗	玻璃干净、无破损，框架无灰尘	2	
			无多余张贴物，铭牌标志完好	2	

（续表）

序号	项目	细目	要求	分值	评分
2	墙、天花板	公告栏	有管理责任人，干净并及时更新，无过期张贴物	2	
		开关、照明	有明确控制对象标志，状态完好	2	
			干净无积尘；下班时关闭电源	2	
		天花板	保持清洁，无蛛网、无剥落	2	
3	设备/工具	外观及周边环境	保持干净，无卫生死角	2	
			有明确管理责任人，辅助设施或工具定位	2	
		使用/保养/点检	标志清楚（仪表、阀门、控制面板、按钮等），明确控制对象和正常范围	2	
			实施日常保养，保持状态完好，无安全隐患，使用完毕及时归位	2	
			设备点检表及时正确填写	2	
			设备故障要有故障牌及禁用标志	2	
4	工作台/办公桌	桌面	保持干净清爽，无多余垫压物	2	
			物件定位、摆放整齐，符合摆放要求	2	
		抽屉	物品分类存放，整齐清洁；公私物品分开放置	2	
		文件	分类存放，及时归档；文件夹标志清楚，定位明确	2	
		坐椅	及时归位；椅下地面无堆放物	2	
5	电源插座		保持干净、无破损、随时保持可用状态	2	
6	箱、柜	表面	眼观干净，手摸无尘；无非必需品；明确管理标志	2	
		内部	资料、物件、工具，按要求分类存放，有分类标志	2	
			保持清洁，有工具存放清单、合适放置位与容器	2	
		备品	分类摆放整齐，保证安全存量	2	
7	危险品		存放于指定区域，有明显警示标志，保持隔离放置	2	
			有明确管理责任人，保持整齐、干净	2	

注：评分时完全达标得满分；不符合项出现一处扣1分，扣完为止。

学 习 笔 记

通过学习本章内容，想必您已经有了不少学习心得，请仔细记录下来，以便巩固学习成果。如果您在学习中遇到了一些难点，也请如实写下来，以备今后重复学习，彻底解决这些学习难点。

同时本章列举了大量的实用范本，与具体的理论内容互为参照和补充，方便您边学边用，请如实填写您的运用计划，以使工作与学习相结合。

我的学习心得：

1. _____
2. _____
3. _____

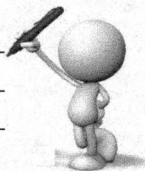

我的学习难点：

1. _____
2. _____
3. _____

我的运用计划：

1. _____
2. _____
3. _____

第 **2** 章

现场目视管理

目视管理是利用形象直观、颜色适宜的各种视觉感知信息标识来指导、组织现场生产活动，达到提高现场效率的一种管理手段。实施目视管理，从生产现场到办公室，从企业管理人员到第一线工作人员，可以让全体员工通过眼睛了解现在企业的生产状况如何、各部门为提高生产效率应该如何去做等。这是进行现场管理最行之有效的管理方法。

第 1 节　目视管理的流程

现场目视管理可以快速地发现问题，解决问题。现场目视管理就曾给美国汽车企业带来生产效率的提高。当精益生产融入美国整个汽车制造行业时，现场精益管理理念及成本观念为更多的人所接受。在福特汽车生产现场，目视管理大大提高了焊接控制系统的反应速度，成为小批量、多品种条件下焊接精度保证的基础。

福特汽车的现场目视管理已经成为升级制度及领导层控制的基础。它们通过每周固定时间在看板前的例会沟通，使其他部门，尤其是外协和冲压部门可以与车身部门协作解决问题。各相关部门可对来件问题进行持续改进，以加强来件品质控制。车身部门安排专人负责所有来件问题，并通过来件问题看板来追踪问题进展。实施现场目视管理后的福特汽车，其现场生产效率得到了极大的提高。

企业也应根据自身的具体情况，确定目视管理的形态，安排好目视管理推动部门和项目，真正把目视管理在企业中推广开来。现场目视管理的实施流程如图2-1所示。

```
┌──────────────┐        ┌──────────────────┐
│ 管理层主动引进 │───────▶│ 选择目视管理的引进方法 │
└──────────────┘        └──────────────────┘
                                  │
                                  ▼
┌──────────────────┐    ┌──────────────────┐
│ 确定目视管理的推动部门 │◀───│ 创造目视管理推动的环境 │
└──────────────────┘    └──────────────────┘
      │
      ▼
┌──────────────┐        ┌──────────────┐
│  制订活动计划  │───────▶│  目视管理展开  │
└──────────────┘        └──────────────┘
                                  │
                                  ▼
┌──────────────┐        ┌──────────────┐
│  定期评价总结  │◀───────│  目视管理查核  │
└──────────────┘        └──────────────┘
```

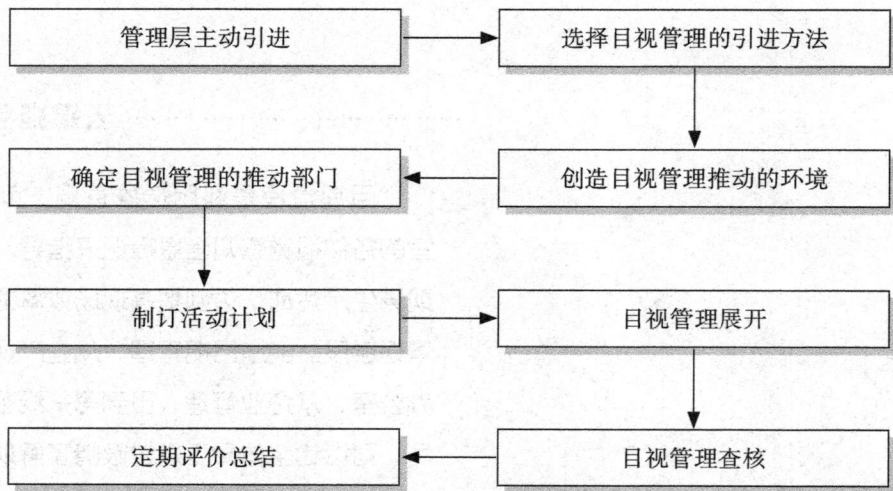

图2-1　现场目视管理实施流程图

1.1　管理层主动引进

目视管理必须结合企业的需要及具体情况来引进。只有全体员工共同认可并努力去推动目视管理，企业才会达到期望的目标。目视管理引进的方式主要有图2-2所示的两种。

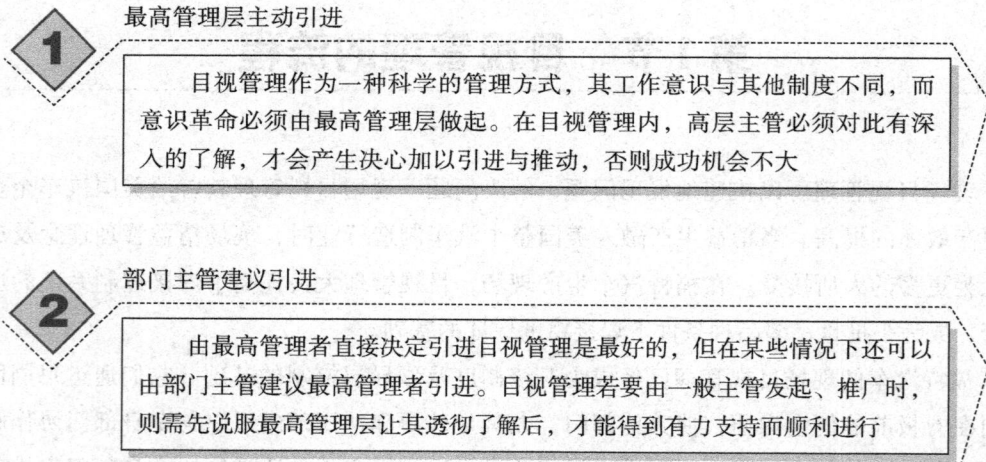

1　最高管理层主动引进

目视管理作为一种科学的管理方式，其工作意识与其他制度不同，而意识革命必须由最高管理层做起。在目视管理内，高层主管必须对此有深入的了解，才会产生决心加以引进与推动，否则成功机会不大

2　部门主管建议引进

由最高管理者直接决定引进目视管理是最好的，但在某些情况下还可以由部门主管建议最高管理者引进。目视管理若要由一般主管发起、推广时，则需先说服最高管理层让其透彻了解后，才能得到有力支持而顺利进行

图2-2　目视管理引进的决策方式

1.2　选择引进目视管理的方法

引进目视管理要考虑企业自身的具体情况，并根据实际情况确定目视管理的引进方法。企业一般可以按照如图2-3所示的纵向和横向来选择引进的方法。

纵向引进 即设定某部门来实施目视管理。当企业最高管理者对目视管理还存在疑虑，企业经营范围较广而不宜全面铺开时，可采用纵向引进这种方法

横向引进 如果不易将目视管理在全企业全面推行时，可采用横向引进法。这是从经营管理层、监督层、作业层等各个层次中选择一个层次进行试行

图2-3 目视管理引进方法分类图

要点提示

在选择实施部门时应重点考虑容易产生效果的部门，如生产部和销售部——它们的工作容易以具体的目标表现出来，而结果也易于测定，能用具体、定量的方式来计划。

1.3 创造推动目视管理的环境

在引进和推动目视管理的前期阶段里，企业应该创造一个良好的推动环境，使全体员工都能了解目视管理的优点，并能积极主动地参与其中。在创建这个推动环境时，企业可以从培训主管人员和加强企业内部宣传这两个方面来开展工作。

培训主管人员可采用如图2-4所示的方法来进行。

1 公开演讲

聚集全体员工于一堂，可以激发企业全体员工的协作性与归属感。由董事长或主办者演讲，强调企业引进目视管理的理由，并说明其基本方针

2 专家授课

企业聘请专家、学者讲课，强调在目视管理下，主管应有的做法及如何有效推行，并指出目视管理的优点及限制

3 座谈会

高层管理者都可参加座谈会，聘请专家学者或实务经验者来主持，借此以交换彼此对目视管理的偏见或误会，并提出讨论

4 编印培训教材

企业可参考有关资料，编印员工培训教材，使员工能自我进修，以了解目视管理的具体内容

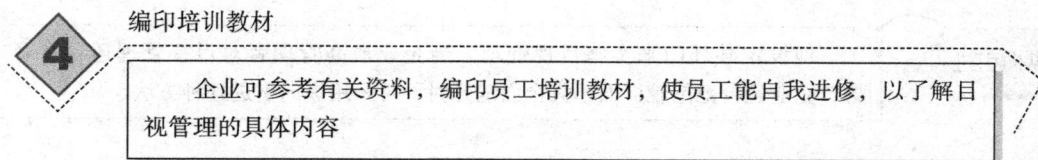

图2-4　培训主管人员方法

加强企业内部宣传可采用如图2-5所示的方法来进行。

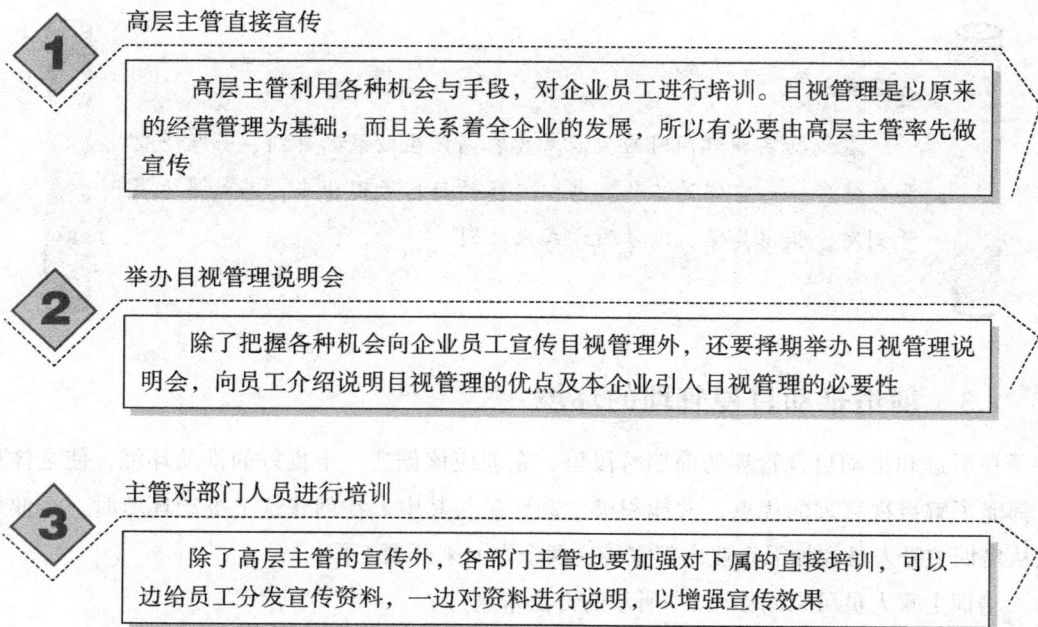

1 高层主管直接宣传

高层主管利用各种机会与手段，对企业员工进行培训。目视管理是以原来的经营管理为基础，而且关系着全企业的发展，所以有必要由高层主管率先做宣传

2 举办目视管理说明会

除了把握各种机会向企业员工宣传目视管理外，还要择期举办目视管理说明会，向员工介绍说明目视管理的优点及本企业引入目视管理的必要性

3 主管对部门人员进行培训

除了高层主管的宣传外，各部门主管也要加强对下属的直接培训，可以一边给员工分发宣传资料，一边对资料进行说明，以增强宣传效果

图2-5　企业内部宣传方法

1.4　确定目视管理的推动部门

企业引入了目视管理后，应指定专门负责目视管理的宣传与推动工作的部门，由这些部门担负起推动目视管理的责任。目视管理推动部门的设置可参考图2-6所示内容。

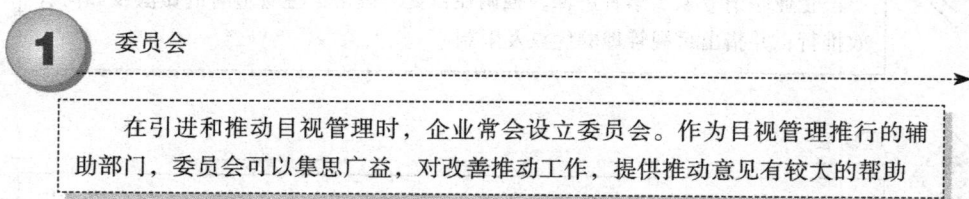

1 委员会

在引进和推动目视管理时，企业常会设立委员会。作为目视管理推行的辅助部门，委员会可以集思广益，对改善推动工作，提供推动意见有较大的帮助

2 人力资源培训部门

人力资源培训部门负责企业文化的建设，因此，在引入新观念、新制度时，由其担任推动单位是比较合适的，它能及时向员工贯彻目视管理的内容和重要性

3 制度管理部门

目视管理是组织经营管理的一环，企业在利用目视管理提升业绩时，通常会指定制度管理部门负责引进、推行、宣传、监督的任务

图2-6　目视管理推动部门的设置

1.5　制订活动计划

推行委员会组织人力制订目视管理活动计划、办法、奖惩条例及宣讲事宜等，并通过各种渠道宣讲，让全体员工了解目视管理的作用、目的。

目视管理实施之际，要让现场的管理者、作业员明确哪些项目必须管理，并依管理的重要性与紧迫性，制作必要的管理看板、图表及标志。目视管理项目构架如图2-7所示。

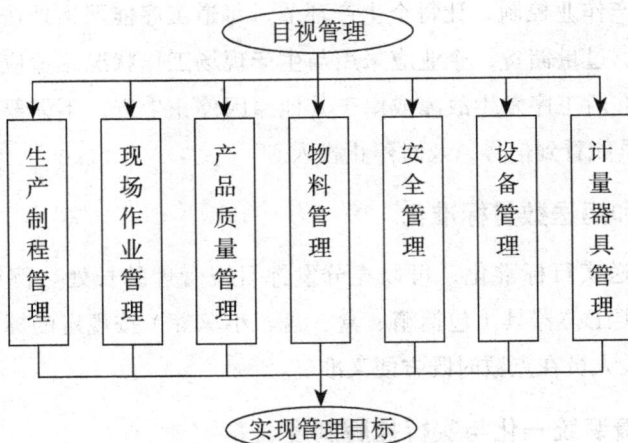

目视管理

生产制程管理　现场作业管理　产品质量管理　物料管理　安全管理　设备管理　计量器具管理

实现管理目标

图2-7　目视管理项目构架图

1.6　目视管理展开

5S是实施目视管理最基本的工具。企业只有通过实施5S，彻底做好整理、整顿，使物

流顺畅，目视管理才可以推行。目视管理可以改善材料、零件、产品等存放位置的布置及保管方法。

现场目视管理展开要注意以下要点。

1. 规章制度与工作标准公开化

（1）凡是与现场人员密切相关的规章制度、标准、定额等，都需要公布于众。

（2）与岗位人员直接有关的制度标准，应分别展示在岗位上，如岗位责任制、操作程序图、工艺卡片等，并要始终保持完整、正确和洁净。

2. 生产任务与完成情况图表化

现场是协作劳动的场所，因此，凡是需要协作共同完成的任务都应公布于众。

（1）计划指标要定期层层分解，落实到车间、班组和个人，并列表张贴在墙上。

（2）实际完成情况也要相应地按期公布，并用作图法，使大家看出各项计划指标完成中出现的问题和发展的趋势，以促使集体和个人都能按质、按量、按期地完成各自的任务。

3. 与定置管理相结合，实现视觉显示信息标准化

在定置管理中，为保证物品不被混放和误置，必须有完善而准确的信息显示，包括标志线、标志牌和标志色。

4. 生产作业控制手段形象直观与使用方便化

为有效进行生产作业控制，让每个生产环节、每道工序能严格地按照期量标准进行生产，杜绝过量生产、过量储备，企业应采用与生产现场工作状况相适应的、简便实用的信息传导信号，以便在后工序发生故障或由于其他原因停止生产，不需要前工序供应在制品时，前工序操作人员能看到信号，及时停止投入。

5. 物品码放和运送数量标准化

物品码放和运送实行标准化，可以充分发挥目视管理的长处。例如，各种物品实行"五五码放"，各类工位器具（包括箱、盒、盘、小车等）按规定的标准数量盛装，就会使操作、搬运和检验人员在点数时既方便又准确。

6. 现场人员着装统一化与实行挂牌制度

（1）现场管理人员和作业人员着装统一化。

（2）挂牌制度包括单位挂牌和个人佩戴标志。

7. 色彩的标准化管理

色彩是现场管理中常用的一种视觉信号。目视管理要求科学、合理、巧妙地运用色彩，并实现统一的标准化管理，不允许随意涂抹。

1.7　目视管理查核

任何现场促进活动，诸如QCC、TQC、TPM、5S、安全活动、目视管理活动等，为评价活动成果或维持已有成果都需经常查核。企业可以列出现场目视管理的具体推行项目，同时按优先顺序、分期分段的原则，设计具体可行的评核表或查核表，以检查、确认有关活动项目是否实施及做到一目了然。

下面提供一份某公司现场目视管理效果查核表的范本，供读者参考。

【范本2-01】××实业有限公司现场目视管理效果查核表

××实业有限公司现场目视管理效果查核表

项目		查检内容	非常好 4分	好 3分	普通 2分	差 1分
地面（踏板）	1	地面无油渍、切削粉屑				
	2	地面无散落垃圾、零件等				
	3	地面无堆置不良品				
	4	地面无污渍				
	5	地面无破损或油漆剥落				
	6	割分线、定位记号没有脏、破损或脱落现象				
台车手推车	7	台车、手推车有责任者标示				
	8	台车、手推车无破损的地方				
	9	台车、手推车车轮正常，无垃圾、切削粉屑				
	10	台车、手推车的摆置场所有标示				
搬运（道具）箱	11	搬运箱依直线、直角定位摆放				
	12	搬运箱高度未超过标准				
	13	搬运箱无破损处				
	14	搬运箱无附着垃圾、粉屑				
机械	15	设备有标示机台编号、名称				
	16	设备上无乱涂乱画现象				
	17	设备上方平台设有摆放东西的地方				
	18	设备上有标示防呆措施				
	19	设备上无不相关的贴纸				
	20	机械的危险地方，有危险标示（黄色、斑马斜线）				

项目		查检内容	非常好 4分	好 3分	普通 2分	差 1分
（油压）3点组合	21	3点组合的润滑油变坏，有依规定量加油				
	22	3点组合的过滤器，污水未超规定量				
	23	3点组合的压力表，设定值标示未脏污				
测定仪器、量具测定器、计测器	24	测定仪器无污垢或生锈				
	25	测定仪器的金属部分，设有隔离措施以防碰撞				
	26	测定仪器的摆置场所，有遵守规定				
	27	测定仪器的检验标记，未超过标示期间				
润滑	28	润滑供油口，有依规格标示润滑液面				
	29	作动油桶，有标示下次清洗及换油日期				
	30	润滑分油器或齿轮箱无漏油现象				
各种机器	31	制动开关有标示开闭状态				
	32	必要的螺钉，有标示吻合记号				
	33	传动带护盖，有依规格标明尺寸及条数				
	34	发动机有张贴温度标贴纸（0.75千瓦以上）				
	35	回转部有标示方向指示				
	36	刃具有标示检点、更换周期				
	37	模具、治工具有标示名称（编号）				
	38	刃具、工具有遵守设定的放置场所				
	39	极限开关有对切削粉屑、油垢等做清除				
码表	40	计器（压力计、油面计、电压计等）无污垢				
	41	计器（压力计、油面计、电压计等）各有标示范围设定				
配线、配管	42	配管、油气压装置部位，没有漏油				
	43	一次配管有标示规定的流向与识别				
	44	配线有绑束，井然排列				
	45	折动部位的配线，未与其他部分碰触				
	46	配线的导管绝缘漆包线无破损				
	47	配线、配管接头部无松脱、破损				

（续表）

项目	查检内容		非常好 4分	好 3分	普通 2分	差 1分
分电盘、 控制盘、 操作盘	48	盘内无垃圾或不必要物品				
	49	盘内备有配线图				
	50	盘的门肩的封密状态良好，完全密闭				
	51	盘体没有不必要的洞口				
	52	盘体没有乱涂或不必要的贴纸				
	53	盘面电流表示灯有点亮				
作业台	54	作业台未置不必要的物品				
	55	作业台无污垢、无破损				
公布栏	56	公布物无污垢、无破损				
	57	无已过有效期公告				
	58	标示物高度要一致，有直线、直角的张贴				

1.8　定期评价总结

评审人员须借助查核表定期对目视活动进行评价与总结，以测定各阶段的实施状况与程度，同时灵活运作管理循环（PDCA），提高目视管理的水准。

第2节　目视管理的手段

2.1　定置管理

定置管理是以生产现场为主要对象，研究分析人、物、场所的状况，以及它们之间的关系，并通过整理、整顿、改善生产现场条件，促进人、机器、原材料、制度、环境有机结合的一种方法。定置管理的内容较为复杂，在企业中可粗略地分为企业区域定置、生产现场定置和工作现场定置等。

1. 企业区域的定置

（1）生产区总厂定置包括分厂、车间界线划分，大件报废物摆放，改造厂房的拆除物临时存放，垃圾区、车辆存停等。

（2）分厂（车间）定置包括工段、工位、机器设备、工作台、工具箱、更衣箱等。

（3）库房定置包括货架、箱柜、储存容器等。

（4）生活区定置包括道路建设、福利设施、园林修造、环境美化等。

2．生产现场的定置

（1）区域定置。区域定置的类型如图2-8所示。

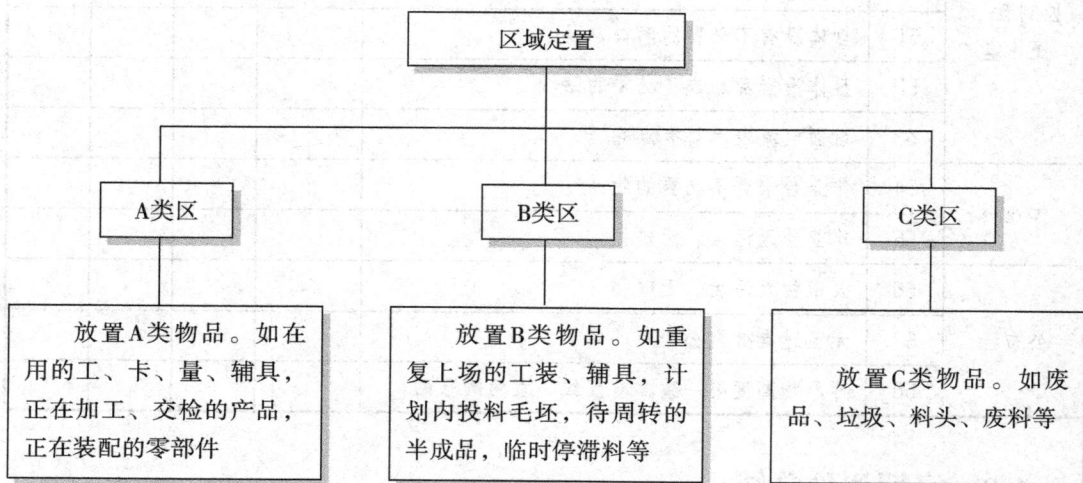

图2-8　区域定置的类型

（2）设备、工装定置。设备、工装定置的类型如图2-9所示。

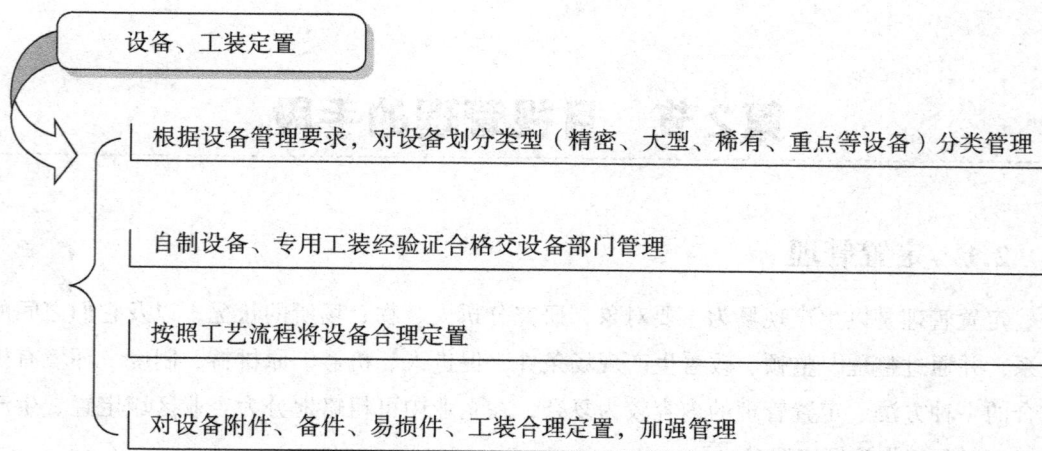

图2-9　设备、工装定置的类型

（3）作业人员定置。作业人员定置的类型如图2-10所示。

作业人员定置

- 人员实行机台（工序）定位
- 某台设备、某工序缺员时，调整机台操作者的原则是保证生产不间断
- 培养多面手，搞一专多能

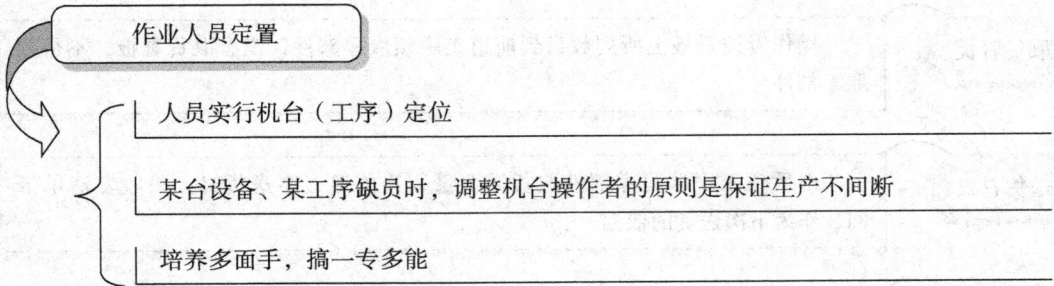

图2-10　作业人员定置的类型

3．定置管理标示的类型

企业在现场设置一定数量的标示，不但可以指引员工找到各种所需物品，更可以在生产中指导和控制员工正确使用物品。因此，企业在现场定置管理中，完善而准确的标示是很重要的，它影响到人、物、场所的有效结合程度。定置管理标示大致有图2-11所示的几种类型。

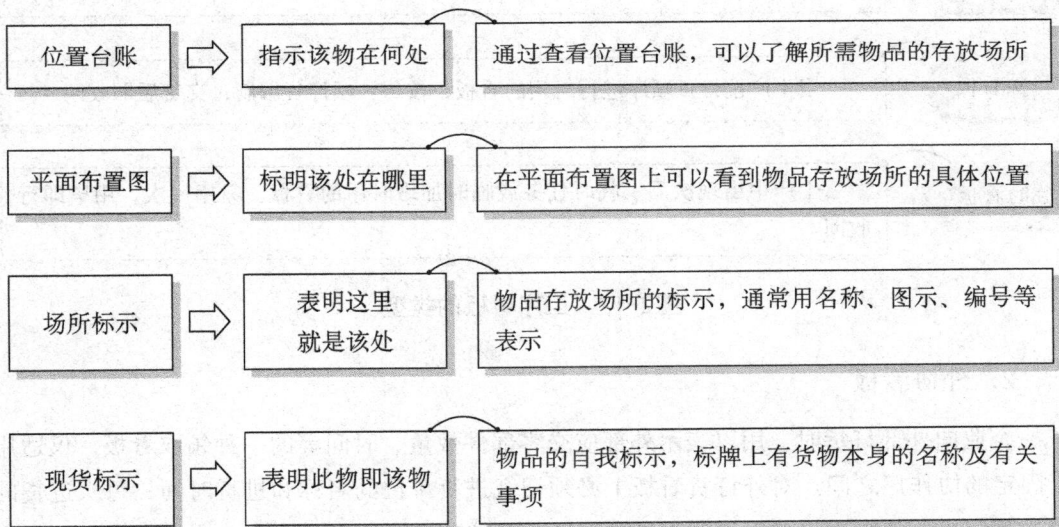

位置台账	⇨	指示该物在何处	通过查看位置台账，可以了解所需物品的存放场所
平面布置图	⇨	标明该处在哪里	在平面布置图上可以看到物品存放场所的具体位置
场所标示	⇨	表明这里就是该处	物品存放场所的标示，通常用名称、图示、编号等表示
现货标示	⇨	表明此物即该物	物品的自我标示，标牌上有货物本身的名称及有关事项

图2-11　定置管理标示的种类

2.2　看板管理

看板管理是将希望管理的项目（信息）通过各类管理板揭示出来，使管理状况众人皆知的管理方法。

1．工序看板

在一个企业内，各工序之间使用的看板统称工序看板。工序看板又分为如图2-12所示的几种。

取货看板	操作者按看板上所列数目到前道工序领取零部件；没有取货看板，不得领取零部件
送货看板	由后道工序填写零部件取货需要量，当前道工序送货时，将收发清单带回，作为下次送货的依据
加工看板	指示某工序加工制造规定数量产品的看板，一般根据机械加工、装配、运输发货、外部订货的需求情况分别编制
信号看板	在固定的生产线上作为生产指令的看板，一般是信号灯或不同颜色的小球等
材料看板	进行批量生产时用于材料准备工作的看板
特殊看板	当生产按订货顺序进行时用的看板，按每一项订货编制，交货后即收回
临时看板	生产中出现次品、临时任务或临时加班时用的看板，只用一次，用毕即行收回

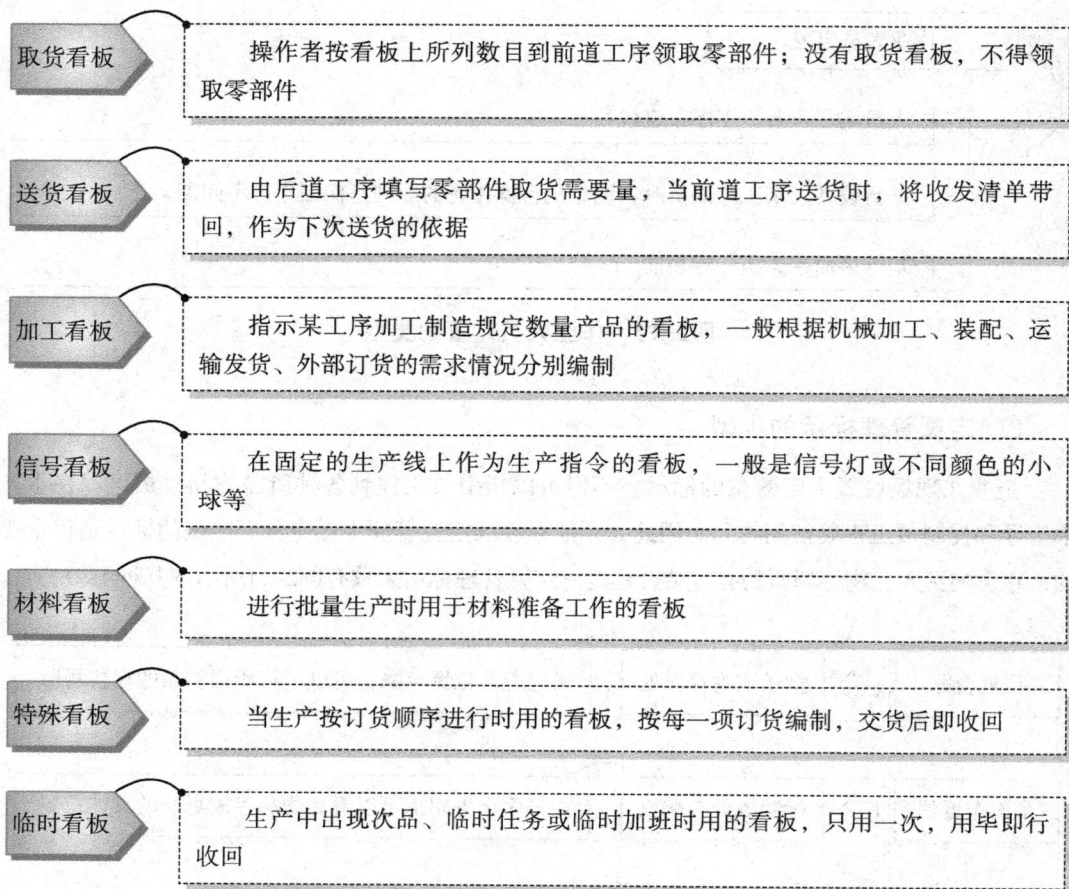

图2-12　工序看板的类型

2．外协看板

企业向外部订货时，用以表示外部应交零部件数量、时间等的一种领取看板，仅适用于固定的协作厂之间。对外订货看板上必须记载进货单位的名称和进货时间、每次进货的数量等信息。外协看板与工序间看板类似，只是"前工序"是供应商，通过外协看板的方式，从最后一道工序慢慢往前拉动，直至供应商。

3．生产管理看板

（1）指示管理板。现场管理者并非以口头指示，而是借管理板使作业者明了当天的作业内容或优先顺序。

（2）进度管理板。借此把握有关计划的生产进度，了解加班或交期变更的必要性。

（3）交期管理板。为了进行事前的追踪，以了解每次安排的交期。

4．管理者看板

管理者看板是目视管理的一种表现形式，即将数据、情报等的状况一目了然地表现出来，主要是对管理项目特别是情报进行的透明化管理活动。不同管理层次使用的管理者看板如表2-1所示。

表2-1 管理者看板类型

管理者	看板类型	具体内容	
高层领导	各种ERP系统、大型标语、镜框、现况板	（1）企业愿景或口号	（2）企业经营方针或战略
		（3）品质和环境方针	（4）核心目标指标
		（5）目标分解体系图	（6）部门竞赛评比
		（7）企业名人榜	（8）企业成长历史
		（9）员工才艺表演	（10）总经理日程表
		（11）生产销售计划	
中层管理干部	标语、现况板、移动看板、图表、电子屏	（1）部门车间口号	（2）公司分解目标指标
		（3）费用分解体系图	（4）PQCDSM月别指标
		（5）改善提案活性化	（6）班组评比
		（7）目标考核管理	（8）部门优秀员工
		（9）进度管理广告牌	（10）部门生产计划
		（11）部门日程表	
基层班组长	现况板、移动看板、活动日志、活动板、图表	（1）区域分摊图或清扫责任表	（2）小组活动现况板
		（3）设备日常检查表	（4）定期更换板
		（5）工艺条件确认表	（6）作业指导书或基准
		（7）个人目标考核管理	（8）个人生产计划
		（9）物品状况表	

2.3 红牌作战管理

红牌是指用红色的纸做成的问题揭示单。其中，红色代表警告、危险、不合格或不良。问题揭示单记录的内容包括责任部门、对存在问题的描述和相应的对策、要求完成整改的时间、完成的时间以及审核人等。红牌作战的实施流程如图2-13所示。

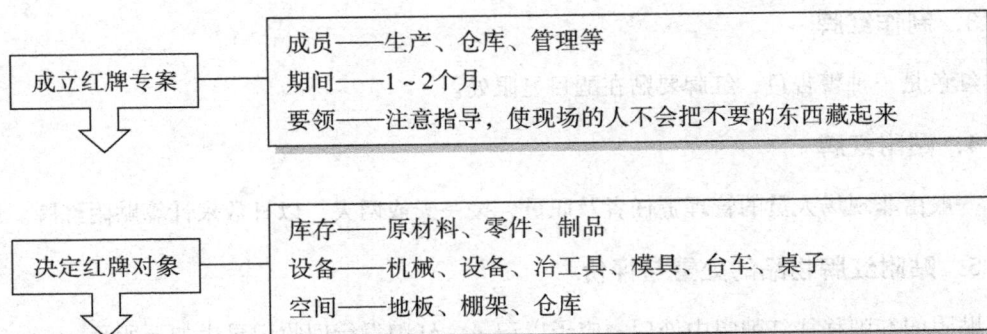

成立红牌专案 —— 成员——生产、仓库、管理等
期间——1～2个月
要领——注意指导，使现场的人不会把不要的东西藏起来

决定红牌对象 —— 库存——原材料、零件、制品
设备——机械、设备、治工具、模具、台车、桌子
空间——地板、棚架、仓库

| 决定红牌基准 | 明确地确立不要物品的基准
例如，在一个月内生产所要用的物品，用不着的"贴红牌" |

| 制作红牌 | 任何人一看就能明了
（1）用A4大小的红色纸
（2）项目分为品名、数量、理由等 |

| 贴上红牌 | （1）不要对当事人贴附红牌
（2）不要听信现场人员的理由
（3）要狠下心来做
（4）对"不知道者"也贴上红牌 |

| 处理与评价红牌 | 库存——将贴上纸牌者，按永不使用、滞留品区分，制作不要品
库存一览表
设备——执行改善之后，造成困扰阻碍时，不以支持或废弃处理 |

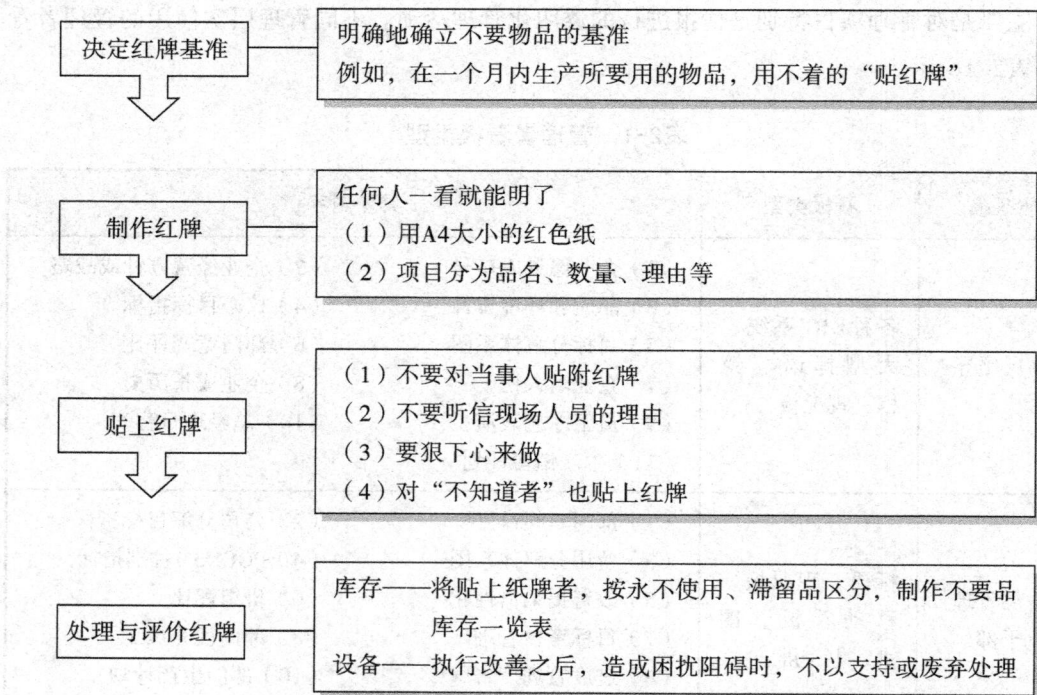

图2-13　红牌作战的实施流程

1．确定贴附红牌的对象

红牌作战的实施对象是违反"三定原则"（定物、定位、定量）的问题，具体包括：工作场所中不要的物品、需要改善的事、地、物（设备、搬运车、踏板、工夹具、刀具、桌、椅、资料、模具、备品、材料、产品、空间等），有油污、不清洁的设备以及卫生死角。

2．决定红牌基准

"丢弃实在可惜"、"自己辛辛苦苦做的"、"总觉得以后用得上"等实在很难说"不要"，这是人之常情。为杜绝此现象，就要明确地制定"要"与"不要"的基准（可根据物品常用程度来判定）。

3．制作红牌

红色是一种警告色，红牌要贴在醒目显眼处。

4．贴附红牌

一般由非现场人员的管理责任者及职员，按一天或两天，以日数来计算贴附红牌。

5．贴附红牌物品的处置与评价

贴附的红牌移往红牌集中处后，应予以记录。红牌发行回收记录表如下所示。

【范本2-02】红牌发行回收记录表

红牌发行回收记录表

部门：

场所	发行序号	张数	发行日	发行人	完成日	回收日	认可人	备注

2.4 颜色管理

颜色管理法是运用人们对颜色的心理反应与习性及分辨能力与联想能力，将企业内的管理活动和管理实物披上一层有色的外衣，使任何管理方法都利用红、黄、蓝、绿、白几种颜色来管制，让员工自然、直觉地和交通标志灯相结合，达到每一个人对问题都有相同的认识和解释。从色彩的条件与应用经验可区分颜色管理的方法有以下几种。

1. 颜色优劣法

颜色优劣法是生产现场以绿、蓝、黄、红四种颜色来代表成绩的好坏。绿、蓝、黄、红其应用非常广泛，具体应用如表2-2所示。

表2-2　颜色优劣法的应用

类别	说明	颜色	
生产管制	依生产进度状况，用不同的颜色来表示	绿灯：表示准时交货 蓝灯：表示延迟但已挽回 黄灯：表示延迟一天以上但未满两天 红灯：表示延迟两天以上	
品质管制	品质水准的高低用颜色区分显示	绿色：合格率95%以上 黄色：合格率85%~89%	蓝色：合格率90%~94% 红色：合格率85%以下
外协厂评估	对外协厂评估，用颜色来表示	绿灯：表示"优" 黄灯：表示"一般"	蓝灯：表示"良" 红灯：表示"差"
生产安全	用颜色表示每日安全状况	绿色：无伤害 黄色：轻伤	蓝色：极微伤 红色：重伤
员工绩效管理	依员工的综合效率，以颜色区分显示，促使员工提升士气	绿色：效率在85%以上 黄色：效率在60%~69%之间 红色：效率在60%以下	蓝色：效率在70%~84%之间

2．颜色层别法

一般而言，只要掌握色彩的惯用性、颜色鲜明性及对应意义明确，在不重复的情况下即能发挥颜色管理的效果。即以颜色区分易于管理，其应用主要有以下几种。

（1）重要零件的管理。每月进货用不同的颜色标示，如1月、5月、9月进货者用"绿色"；2月、6月、10月者用"蓝色"；3月、7月、11月者用"黄色"；4月、8月、12月者用"红色"。根据不同颜色控制先进先出，并可调整安全存量及提醒处理呆滞品。

（2）油料管理。各种润滑油用不同颜色来区分，以免误用。

（3）管路管理。各种管路漆上不同颜色，以作区分及受损保养。

（4）人员管理。不同工种和职位分戴不同颜色的头巾、帽子、肩章，易于辨认及管制人员的频繁走动。

（5）卷宗管理。依不同分类使用不同颜色的卷宗，如准备红、黄、蓝、绿四种不同颜色的文件资料夹。

（6）进度管理。对生产进度状况予以颜色区分，如绿色表示进度正常、蓝色表示进度落后、黄色表示待料、红色表示机械故障。

3．颜色心理法

依据人类对色彩的注视性、调和性、联想性和偏好性等四种特点所营造出来的心理愉悦和独特感觉来进行管理，具体应用内容如图2-14所示。

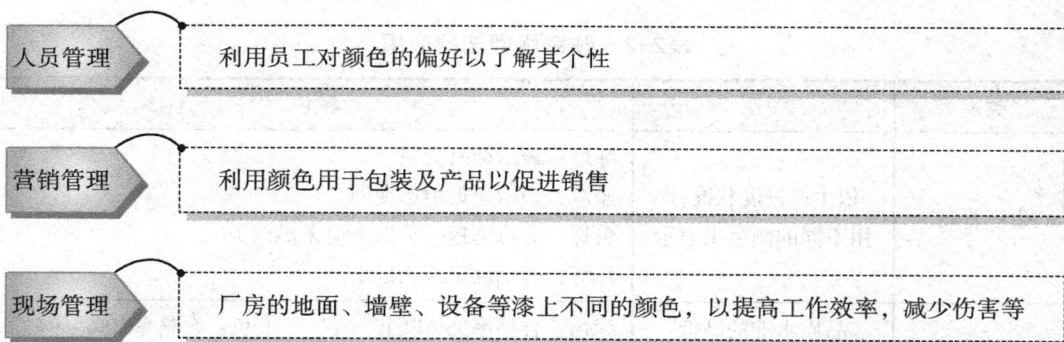

人员管理	利用员工对颜色的偏好以了解其个性
营销管理	利用颜色用于包装及产品以促进销售
现场管理	厂房的地面、墙壁、设备等漆上不同的颜色，以提高工作效率，减少伤害等

图2-14　颜色心理法的应用

2.5　识别管理

识别管理的范围主要有：人员、物料、设备、作业方法、不合格品等。下面将一一进行具体的阐述。

1．人员识别

规模越大的公司，越需要进行人员识别，便于工作展开。现场中有工种、职务资格及熟练员工识别等几种类型，一般通过衣帽颜色、肩章、襟章及醒目的标志牌来区分。人员识别项目有内部职员与外人的识别、新人与旧人（熟练工与非熟练工）的识别、职务与资格的识别、不同职位（工种）的识别等，具体内容如图2-15所示。

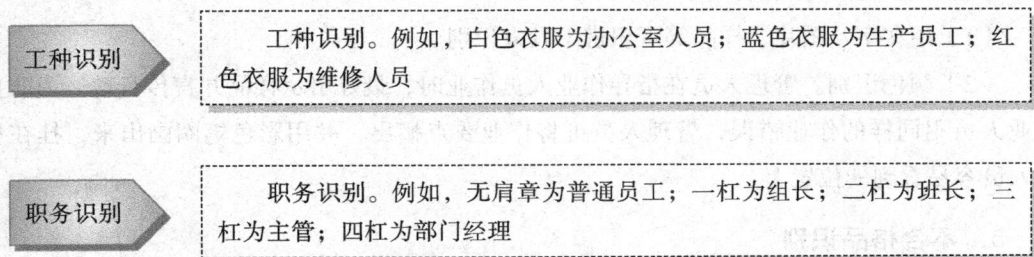

| 工种识别 | 工种识别。例如，白色衣服为办公室人员；蓝色衣服为生产员工；红色衣服为维修人员 |

| 职务识别 | 职务识别。例如，无肩章为普通员工；一杠为组长；二杠为班长；三杠为主管；四杠为部门经理 |

图2-15　人员识别具体应用

2．物料识别

物料识别管理是现场中最容易出差错的项目之一，良品与不良品相互混淆、误用其他材料、数量不对等等，每一项都和识别欠佳有关。因此，企业一定要做好识别管理。物料识别的方法主要有以下几种。

（1）在外包装或实物上边，贴上有文字或颜色的标贴纸来识别。例如，在不良品上贴上写有"不可使用"等字样的标贴纸；用带箭头的标贴纸注明不良之处等。

（2）托载工具上识别。如指定红色的箱子、托盒、托架、台车等只能装载不良品，而绿色、黑色的才能装载良品。

（3）在材料的"合格证"上做标记或注明。将变更、追加的信息，添注在"合格证"上。

（4）"移动管理卡"添加在实物上，以示识别。为防止混淆，如试做品等，在材料的外包装箱上添加"移动管理卡"。

（5）分区摆放。物料管理最有效的识别方法就是分区摆放和加上明显的标志。不同材料摆放在同一货架上时，也要对货架进行适当区分，通常是大的、重的、不易拿的放在下层，小的、轻的放在上层。每一层均用标牌揭示。

3．设备识别

设备的识别方法一般可采取以下几种方式。

（1）画出大型设备的具体位置。

（2）在显眼处悬挂或粘贴标牌、标贴。

（3）规划专用场地，并设警告提示。

（4）设置颜色鲜艳的隔离装置。

（5）在正常作业情况下亮绿灯，异常情况下亮红灯。

4．作业识别

作业识别的方法主要有以下几种。

（1）用文字、图片、样品等可识辨工具来识别。

（2）颜色识别。管理人员在指导作业人员作业时，最好出示样品并言传身教。为防止作业人员犯同样的作业错误，管理人员可将作业要点摘出，并用彩色笔圈画出来，挂在作业人员容易看到的位置上。

5．不合格品识别

为确保不合格品在生产过程中不被误用，企业所有的外购货品、在制品、半成品、成品以及待处理的不合格品均应有品质识别标志。

第3节　目视管理的推进

3.1　定置管理推进流程

企业首先要把生产过程中不需要的东西清除掉，不断改善生产现场条件，科学地利用场所，向空间要效益；然后通过整顿，促进人与物的有效结合，使生产中需要的东西随手可得，向时间要效益，从而实现生产现场管理规范化与科学化。国内企业要实施现场定置管理，可以按以下流程进行，如图2-16所示。

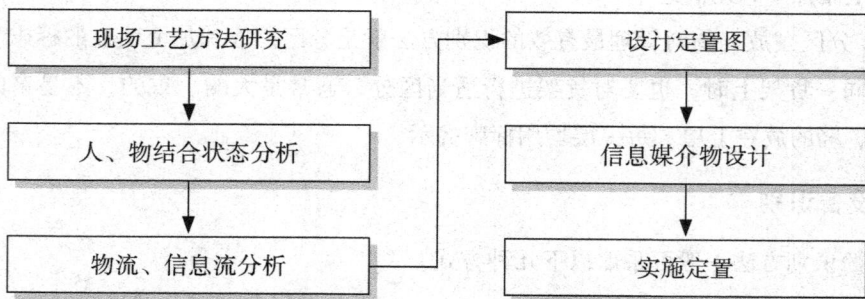

图2-16　定置管理的流程

（1）现场工艺方法研究。

现场工艺方法研究是定置管理开展的起点。它通过对生产现场现有加工方法、机器设备情况、工艺流程等全过程的详细研究，确定其方法在技术水平上的先进性，在经济上的合理性，分析是否需要和可能采取更先进的工艺手段及加工方法，并最终确定工艺路线与搬运路线，使定置管理达到科学化、规范化和标准化。

（2）人、物结合状态分析。

人、物结合状态分析是开展定置管理的第二个阶段，也是定置管理中最关键的一个环节。工作现场中按照人与物有效结合的程度，可以归纳为图2-17所示的三种基本状态。

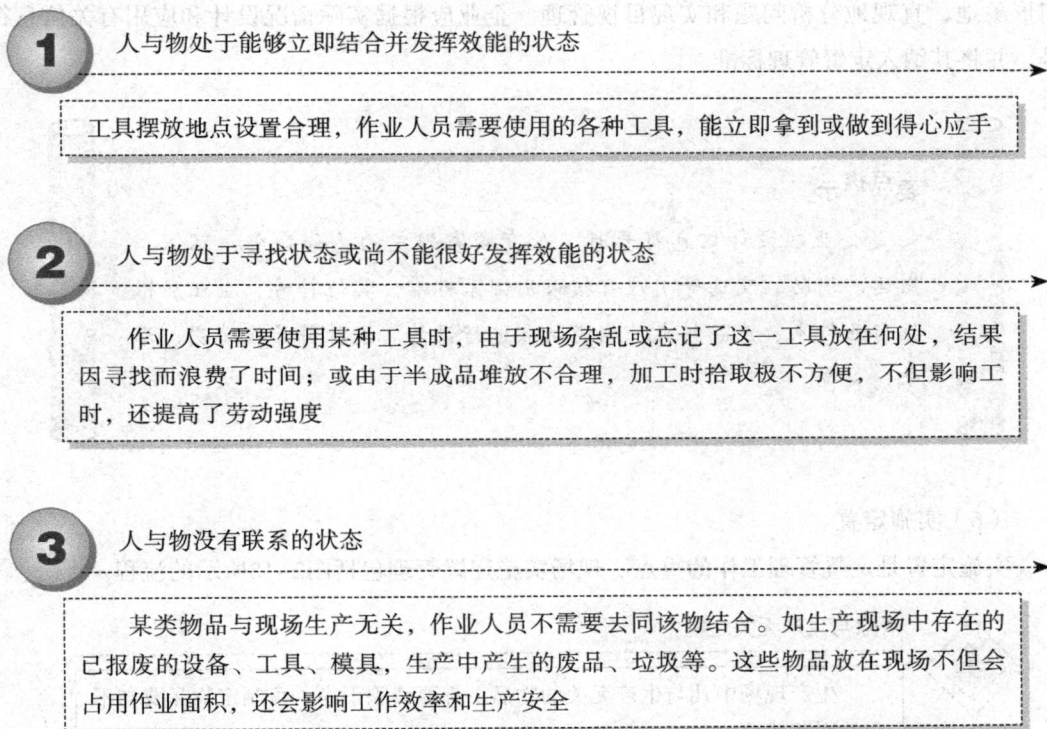

1 人与物处于能够立即结合并发挥效能的状态

工具摆放地点设置合理，作业人员需要使用的各种工具，能立即拿到或做到得心应手

2 人与物处于寻找状态或尚不能很好发挥效能的状态

作业人员需要使用某种工具时，由于现场杂乱或忘记了这一工具放在何处，结果因寻找而浪费了时间；或由于半成品堆放不合理，加工时拾取极不方便，不但影响工时，还提高了劳动强度

3 人与物没有联系的状态

某类物品与现场生产无关，作业人员不需要去同该物结合。如生产现场中存在的已报废的设备、工具、模具，生产中产生的废品、垃圾等。这些物品放在现场不但会占用作业面积，还会影响工作效率和生产安全

图2-17　人、物结合的三种状态

其中，状态1是良好状态，状态2是改善状态，状态3是需要彻底改造状态。定置管理的原则是提倡状态1，改造状态2，清除状态3。这样做可以达到提高工作效率和工作品质的目的。

（3）物流、信息流分析。

在现场管理中，物流的主要作用在于缩短物的在途时间、实现零库存、及时供货和保持供应链的连续和稳定。为提高物流的效率，要求信息流保持通畅，并能准确反馈物流各环节运作所需要的信息。是否能按照定置管理的要求，认真地建立、健全物流、信息流控制系统，有效地引导和控制物流，是推行定置管理成败的关键。因此，在物品流动过程中，企业管理人员要通过对物流、信息流的分析，不断掌握加工件的变化规律和信息的连续性，对不符合标准的物流、信息流进行改正。

（4）设计定置图。

企业管理人员设计定置图时，要注意定置图绘制应以简明、扼要、完整为原则，物品轮廓、尺寸均按比例绘制，物品定置位要准确，区域划分要清晰明确。

（5）信息媒介物设计。

信息媒介物设计包括信息符号设计和示板图、标牌设计。在推行定置管理时，企业进行工艺研究、各类物品停放布置、场所区域划分等都需要运用各种信息符号表示，以便人们形象地、直观地分析问题和实现目视管理。企业应根据实际情况设计和应用有关信息符号，并将其纳入定置管理标准。

要点提示

企业在设计信息符号时，如有国家规定的（如安全、环保、搬运、消防、交通等）应直接采用国家标准。其他符号，企业应根据行业特点、产品特点、生产特点进行设计。设计符号应简明、形象、美观。

（6）实施定置。

实施定置是定置管理工作的重点。现场实施定置管理包括图2-18所示的流程。

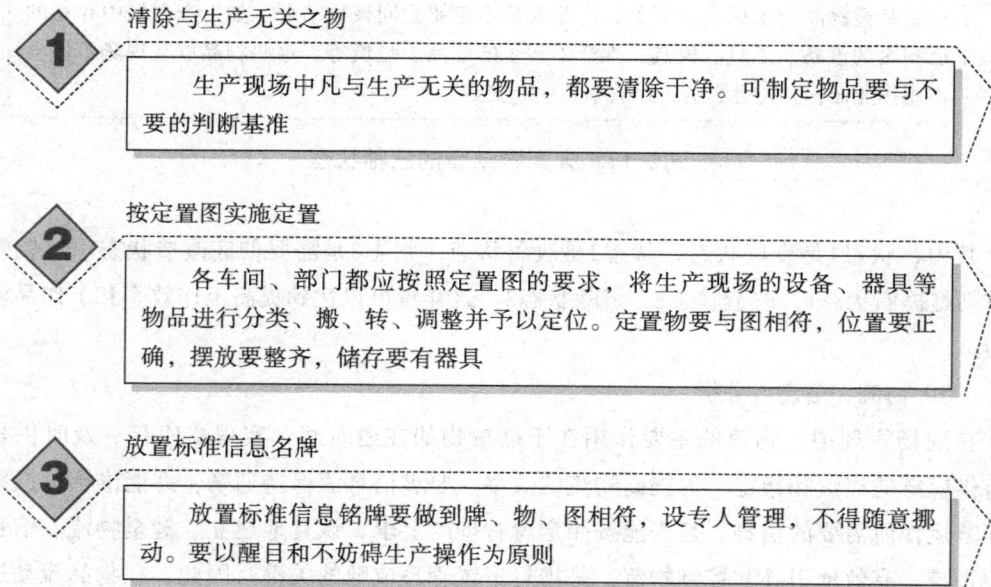

1 清除与生产无关之物

生产现场中凡与生产无关的物品，都要清除干净。可制定物品要与不要的判断基准

2 按定置图实施定置

各车间、部门都应按照定置图的要求，将生产现场的设备、器具等物品进行分类、搬、转、调整并予以定位。定置物要与图相符，位置要正确，摆放要整齐，储存要有器具

3 放置标准信息名牌

放置标准信息铭牌要做到牌、物、图相符，设专人管理，不得随意挪动。要以醒目和不妨碍生产操作为原则

图2-18 实施定置管理的流程

（7）定置检查与考核。

现场定置管理要持之以恒，只有这祥，才能巩固改善成果，并不断发展。企业只有建立起定置管理的检查与考核制度，并严格按照制度执行，按照标准进行奖罚，才能实现定置长期化、制度化和标准化。

3.2 看板管理推进流程

文件上或现场等隐藏的情报可通过标语、现况板、图表、电子屏等形式显示到看板上，现场的任何人都可通过看板及时掌握管理现状和必要的情报，现场要实施看板管理，需按如图2-19所示的流程进行。

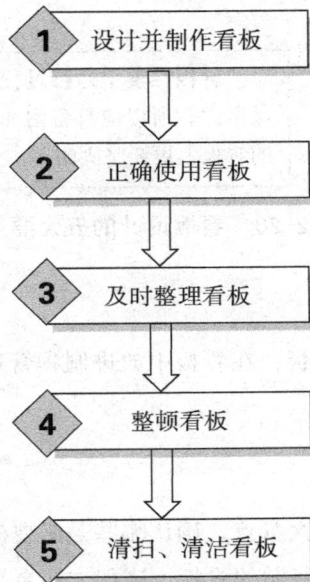

```
1  设计并制作看板
2  正确使用看板
3  及时整理看板
4  整顿看板
5  清扫、清洁看板
```

图2-19　看板的管理流程

1. 设计并制作看板

看板是实现准时生产的工具，它具有计划和调度指令的作用，是联系企业内部各道工序及协作厂之间的接力棒，起着实物凭证和核算根据的作用。

企业在设计制作看板时一般要做到图2-20所示的五点。

1　容易识别　　看板是"目视管理"的工具，它应按产品、用途、种类、存放场所的区别，用不同的颜色或标志，使其正反面都能容易看出，易于识别

61

| ② | 容易制造 | 在实施看板管理中，看板用量大，企业编制看板时要充分关注制造的有关问题，使其易于制造 |

| ③ | 容易处理 | 所编制的看板在应用看板管理的过程中，应该方便使用和管理，同时便于问题的处理 |

| ④ | 同实物相适应 | 在实施看板管理中，看板要随零部件实物一起传送，因而编制的看板采用插入或悬挂等形式，容易与实物相适应，方便运行 |

| ⑤ | 坚固耐用 | 看板在整个运行过程中，因要与实物一起在现场传递运送，所以应具备耐油污、耐磨损的特性。循环使用的看板，更要坚固耐用 |

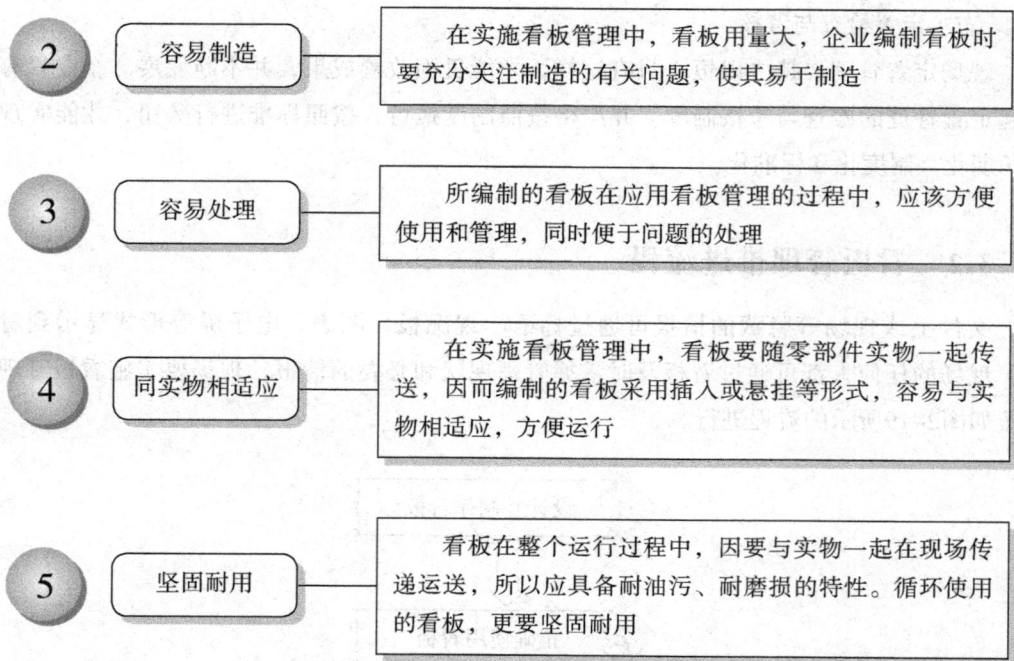

图2-20　看板设计的五大要点

2．正确使用看板

在物品放置场所附上指示看板，在看板中放进制程管理的卡片，比如生产物料何时投入、何时停止、投入多少等。

3．及时整理看板

对现场的各类看板进行一次大盘点，确认哪些是必要的，哪些是不必要的，彻底清除那些不必要的，特别是那些随意张贴的看板，诸如"违者罚款"、"闲人免进"、"不得入内"等。

4．整顿看板

整顿的内容包括看板自身大小等的标准化工作，也包括看板的使用场所、位置、高度的决定等。如有些看板粘贴不牢固，容易掉落，这就需要进行整顿。

5．清扫、清洁看板

看板的清扫、清洁工作有两个方面的内容。一方面，要制定出公司统一的关于看板的制作和展示的标准，以便各部门长期坚持。看板还要符合公司形象的有关要求。另一方面，明确看板的管理责任人，由责任人对看板的内容、状态等进行维护，保证看板展现出良好的状态，发挥其积极的作用。下面是看板管理一览表，在制定看板标准时，可以按看板特点决定管理的权限。

【范本2-03】看板管理状态比较

看板管理状态比较

看板内容	公司统一	部门内统一
方针、标语等		
组织结构图		
海报、新闻		
评价表		
活动计划等		
月度管理		
现场实施计划		
清扫分担表		

学 习 笔 记

　　通过学习本章内容，想必您已经有了不少学习心得，请仔细记录下来，以便巩固学习成果。如果您在学习中遇到了一些难点，也请如实写下来，以备今后重复学习，彻底解决这些学习难点。

　　同时本章列举了大量的实用范本，与具体的理论内容互为参照和补充，方便您边学边用，请如实填写您的运用计划，以使工作与学习相结合。

我的学习心得：

1. _____
2. _____
3. _____

我的学习难点：

1. _____
2. _____
3. _____

我的运用计划：

1. _____
2. _____
3. _____

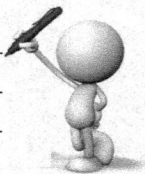

第 **3** 章

现场人员管理

关键指引

人是生产系统中最重要、最活跃的因素。企业在实施现场精益化管理的时候，要教导员工，使其掌握必要的作业技能、具备合格的行为品质和工作品质，确保每个人都能按要求开展工作、完成任务。同时，企业管理层要调动一线员工的主动性、积极性和创造力，使全员开动脑筋、参与改善、自主管理。

第1节　现场人员的配备

要使生产现场的工作顺利进行，人员必须配备妥当。在现代化大生产，尤其是流水线生产方式下，某一岗位人员的缺岗，会直接影响整个生产线的工作进度以及订单产品的品质和交货期。

现场人员的配备是根据生产现场作业的需要，为各种不同的工作配备相应工种和技术等级的员工，达到人尽其才、人事相宜、高效率、满负荷，以保证劳动生产率的提高。

1.1　现场人员配备的要求

生产现场人员配备的要求有以下三点。

1. 能发挥人员的专长和积极性

现场人员配备要根据员工在工种、技术业务等级、熟练程度、劳动态度等方面的差别，分配他们到合适的工作岗位上去。现场管理者要了解员工的长处，尽量避免这一工种的人员做另一工种的工作，基础人员做辅助人员的工作，技术等级高的人员做技术等级低的人员的工作。

对于那些技术复杂、品质要求高的关键性工作岗位，现场管理者则要为其配备技术熟练、经验丰富、责任心强的员工，还可以考虑给他们配备必要的助手和学徒。

2．能使每个人员都有明确的责任

现场管理者给岗位配备员工时，对工作任务的数量、品质、完成期限等方面，都要有明确的规定，以利于建立岗位责任制，消除无人负责的现象。凡是可以由一个员工独立进行的工作，就尽量交给专人负责。凡是必须由几个员工共同完成的工作，应设置作业组，同时，指定一名组长，并明确规定小组成员的职责范围。

3．能保证人员有足够的工作量

现场管理者配备员工时要考虑工作量的大小，更要注意不要因分工过细而使员工负荷不足。如果某些工作的工作量小，员工负荷不足，就要考虑让他兼做其他工作的可能性。另外，员工长期从事一种简单、重复的工作，不利于其技术水平的全面提高和积极性的发挥，所以，要适当扩大他的工作范围，丰富其工作内容。

1.2 现场员工配备比例关系

1．基本工人与辅助工人的配备

基本工人与辅助工人从事物质生产，都属于直接生产人员，但他们在生产中所起的作用却不相同。若基本工人配备过多，辅助工人配备过少，就会使基本工人承担过多的辅助工作，影响其专业技术的发挥；相反的，辅助工人多了，也会影响劳动生产率的提高。他们之间的比例关系，应根据生产的特点和技术要求来拟订。

2．班制调配

许多企业都实施多班制。多班制的生产要比单班制复杂些，一般来说，现场主管在进行班制调配时一定要注意做好以下几项工作。

（1）合理安排倒班。

由于夜班生产打乱了人的正常生活规律，一般情况下很难保证员工正常、良好的休息。因此，上夜班的员工容易疲劳，其身体健康容易受影响。基于此，不能固定地由一些员工长期上夜班，而应实行定期地轮换员工班次的倒班制。

（2）合理组织轮休。

在连续性生产企业的多班制生产过程中，员工不能按公休制度一起休息，只能轮休。为保持生产的正常、安全进行以及保证员工的身体健康，所以，必须制定合理的人员轮休方案。

（3）合理配备人员。

各轮班人员在数量和素质方面要力求平衡，以保持各班生产的相对稳定。

（4）加强夜班领导。

通常，企业的生产技术指挥力量主要集中在白天，夜班则较弱，因而夜班遇到的问题往往难以得到及时解决。这不但影响了夜班的生产，而且还影响了白班的生产。因此，管理人员应根据现场需要加强夜班生产的组织或指定专人负责。

（5）严格执行交接班。

生产现场应按照企业生产的岗位责任制，严格执行交接班制度。各班完成的生产任务应分别验收、记录和考核。交接班制度应明确规定前一班工作结束和后一班工作开始之前，员工之间应办理的交接手续。对于重要的生产部位要逐点交接，重要的生产数据要逐个交接，主要的生产工具要逐件交接，并做好记录。

3．男女员工安排

每家企业生产的性质、工艺、劳动条件等情况不同。因此，男女员工比例在企业或现场中并不一样。不管比例如何，企业在安排女性员工的工作时，都必须考虑以下两点。

（1）该工作是否适合女性的生理特性。

（2）相同职业种类、相同学历的情况下，男女工资是否平等。

4．运用好临时工

企业在使用临时工时应注意以下要点。

（1）聘用时可先询问其工作兴趣及职业经历。

（2）在其能熟练操作之前要为其配备随身指导员，并为其说明组织纪律和《临时工管理规定》。

（3）以之工作经历为参考来为其安排相应工作岗位，努力做到人尽其用。

（4）在其进行实际作业操作前，随身指导员要为其就作业方法进行1～2小时的说明（根据QC工程表、作业标准书等来说明前后工序及作业顺序的主要要点，说明应遵守5S规定，说明危险的地方以及不安全的行动）。

（5）临时工初作业跟不上一般作业速度时，随身指导员要及时为其提供帮助指导。

第2节　现场人员的培训

培训是建设一支以较少投入获得最大产出的团队的唯一有效方法。现场主管是否能使员工以最低的成本投入工作并完成任务，是企业对其进行评判的标准，而员工培训是现场主管达到这个标准的最为有效的手段。

2.1　新员工培训

新员工是指企业新进录用的人，有时也指转换岗位还没有熟练掌握工作的人。初入企业，新员工都要度过3~6个月不等的试用期，过了试用期，合格者就成为正式员工。

1．新员工培训要求

好的培训方法能够让员工掌握工作岗位的基本要求。培养员工端正的工作态度和作风使其能够发现和判断品质方面的异常，是高品质、高效率生产的基础。因此，现场主管首先要了解新员工的性格、文化素质、能力倾向和兴趣爱好等，然后视员工的个性情况安排工作岗位，定向培养，以确保员工的工作与个人能力相适应，做到人尽其才、物尽其用。

2．新员工培训内容

（1）公司简介。

公司简介包括公司概况、公司历史、公司精神、经营理念、愿景、公司组织架构。

（2）"员工手册"等。

"员工手册"包括"品质方针"、"行动指南"、"厂规厂纪"、各部门位置、组织结构、负责人等，要详细地告诉新员工。

（3）公司基本要求。

公司基本要求包括整洁的仪容仪表，上司、老员工的应对礼节，办事流程，同事关系处理要领，上下班要领，办理公司财物手续，贵重物品的取拿，5S活动等。新员工只有了解了公司的基本要求，才会正确遵守。

（4）有关岗位工作的基本知识培训。

有关工作岗位的基本知识培训包括担任该工作岗位要具备哪些知识，如何接受指示和命令，如何向上司报告，如何向有关部门和人员传达信息，如何遵守作业标准、PDCA循环法等。

（5）基本技能培训。

基本技能培训包括工具、劳保用品、防护用具、消防器具及电话、传真、复印、计算机等办公设备的使用方法。

（6）产品知识培训。

产品知识培训包括本公司的主要产品及工作原理、服务范围、物料调配等知识。

（7）其他。

其他的内容包括ISO、5S、TPM基础知识以及主要客户、主要协作厂家等方面的知识。

3．现场新员工培训要领

在对新进员工实施培训时，现场主管必须掌握以下要领。

（1）消除新员工的紧张心理。

刚入职的新员工心理会紧张，生怕做错了什么，以致其越紧张越出错。因此，现场主管应先找一两个轻松的话题，打消新员工的紧张心理。新员工心理一旦放松下来，对其的培训也就成功了一半。

（2）做好计划和组织。

现场主管应制订好周密的新员工培训计划并形成书面文件，明确培训的时间和内容、相关负责人、培训方法、培训资料、考核方法、上岗标准等。为提高培训的效果，现场主管还应系统地准备好相关书面资料以备培训时使用。培训资料要书面化、实物化，使员工易学易懂。

（3）解说和示范。

新员工培训的内容一般包括ISO基本知识、作业标准书、量具使用、设备操作等，由于内容较多，所以还应将工作内容、要点、四周环境逐一说明。待新员工对这些有印象后，现场主管还应实际操作一遍做示范。现场主管每做完一步，就应让新员工跟着重复一步，以验证成效、解决相应问题。反复进行数次后，新员工可单独试做一遍。此时，现场主管要站在一旁观察，以保证安全。

以下为某企业的员工上岗前培训评核表，可供现场管理者日常中参考使用。

【范本3-01】员工上岗前培训评核表

员工上岗前培训评核表

类别		细则	评核结果（1～3分）		
基本技能类	打螺钉	电动螺丝刀扭力识别	从电动螺丝刀上颜色胶带的不同区分出扭力大小			
		打电动螺丝刀开关识别	从电动螺丝刀上开关不同位置区分电动螺丝刀转动状态			
		电动螺丝刀嘴识别	不同的螺钉安装使用不同的电动螺丝刀嘴			
		电动螺丝刀嘴安装	将电动螺丝刀嘴装入电动螺丝刀中，从电动螺丝刀中取出			
		螺钉区分	不同种类的螺钉区分开			
		螺钉安装状态	螺钉安装后打花、浮起、打斜的识别			
		螺钉安装	30安装10粒螺钉（各方向）			
	打E环	E环区别	不同大小型号E环区分开			
		E环钳区分	不同型号E环安装选用不同E环钳			
		E环钳好坏	判断E环钳的好坏			
		E环安装	40安装10粒E环			
		E环安装状态	分辨出E环安装后品质好坏，有无阻力，有无到位			

71

（续表）

类别			细则	评核结果（1～3分）		
基本技能类	打E环	密封贴好坏	分辨出印刷不良，缺损，折痕			
		贴付基本要求	（1）无异物、气泡、歪斜、皱纹 （2）贴付时的注意事项			
		金属部件	（1）金属零部件生锈品质要求 （2）变形的辨别（刮伤辨别）			
		塑胶部件	（1）断裂的辨别 （2）注塑不全的辨别 （3）毛刺的辨别方法 （4）刮伤的辨认			
		电子部件	（1）线路板损伤辨别 （2）电线、线束损伤，端子安装辨别			
		标贴	（1）标贴损伤，破缺辨别 （2）标贴异常辨别			
		电动螺丝刀	（1）力矩的调节方法 （2）电动螺丝刀的保养方法			
		E环钳	使用注意事项			
		刀片	使用注意事项			
	零件与配件管理	在库零部件	摆放方法及注意事项			
		配料区	摆放方法及注意事项			
		推车	使用方法及注意事项			
		配料零部件放置	（1）包装注意事项 （2）包装胶纸封贴注意事项			
	5S知识	5S定义	整理、整顿、清洁、清扫、素养的含义			
		5S的执行	5S执行的方法			
			5S执行的步骤			
			5S执行的标准			
		5S考核	5S考核标准与制度			
			5S考核奖励制度			

（4）利用"传、帮、带"培训新员工。

为提高对新员工培训的效果，现场主管要善于调动各种力量，尤其是发挥老员工"传、帮、带"的作用，建立完善的"传、帮、带"责任制，在重点保证安全的基础上，使新员工尽快掌握岗位作业技能，达到独立上岗的目标。这样不但能取得化整为零、落到实处的效果，而且可以使新员工尽快适应环境、融入现场。

企业通过开展新员工岗位培训竞赛，奖惩结合，可以激发新员工的学习热情，促进良性竞争。对于工作态度好、上手快、业绩突出的新员工，企业可以将其事迹整理成文，在班会、现场管理看板、宣传栏上进行宣传，还可以请新员工本人总结经验、心得，与大家分享。

为提高老员工的积极性，确保"传、帮、带"的效果，企业可以将新老员工的工作表现、培训考试、业绩考核、奖优罚劣与"传、帮、带"的老员工捆绑在一起，同奖同罚。对"传、帮、带"成绩出色、方法独到的老员工，企业要给予其适当的物质和精神激励，体现责、权、利对等的原则。

2.2 在职员工培训

1．在岗培训的特点

在岗培训是指企业有计划地实施有助于提高员工学习与工作相关能力的活动。这些能力包括知识、技能或对工作绩效起关键作用的行为。在岗培训的优缺点如图3-1所示。

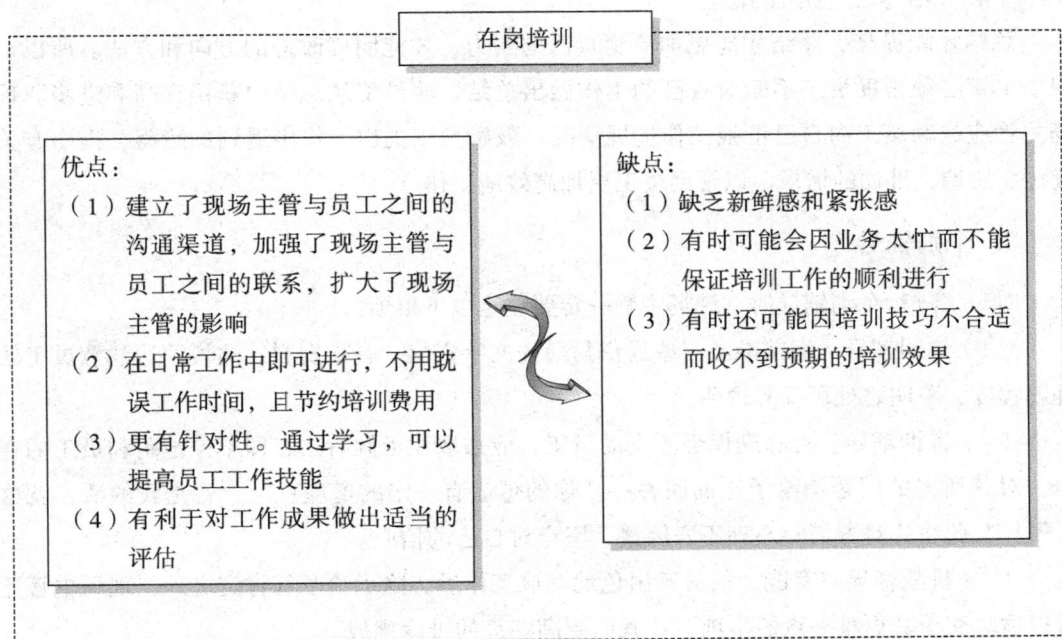

在岗培训

优点：
（1）建立了现场主管与员工之间的沟通渠道，加强了现场主管与员工之间的联系，扩大了现场主管的影响
（2）在日常工作中即可进行，不用耽误工作时间，且节约培训费用
（3）更有针对性。通过学习，可以提高员工工作技能
（4）有利于对工作成果做出适当的评估

缺点：
（1）缺乏新鲜感和紧张感
（2）有时可能会因业务太忙而不能保证培训工作的顺利进行
（3）有时还可能因培训技巧不合适而收不到预期的培训效果

图3-1　在岗培训的优缺点

2．在岗培训要点

（1）帮助员工制定明确的绩效目标。

首先得让员工知道自己该做什么，做到什么程度，把工作做好的标准是什么。现场主管要帮助员工制定明确的绩效目标，帮助员工提高制定目标的能力，让员工学会用目标指导自己的工作。

（2）帮助员工有效执行目标。

没有有效的执行，任何美好的设想和规划都只能是纸上谈兵。另外，由于工作当中流程的问题、人际关系的问题、员工能力的问题，一些突发事件、其他未可预料问题的客观存在，都可能会导致员工在执行目标的过程中出工不出力、费力不讨好，以致执行目标变形。

为防止这些问题的出现，保证绩效目标得到有效执行，现场主管必须在日常的工作当中继续导入在岗培训的观念，在执行目标的过程中持续与员工保持绩效沟通，不断强化对员工的在职培训，不断对员工进行业绩方面的辅导，使员工在执行目标的过程中不断提高执行力。

（3）领导员工创新工作。

创新是对原有的工作改善和提高，是对未来工作的深入思考和前瞻性的预测。创新工作就是鼓励员工在工作当中不断地对工作做出前瞻性的思考，不断提出创新的建议，改善工作流程，提高工作效率，让员工在工作当中不断被创新所激励，使他们的潜能得到最大限度地开发和利用。

（4）帮助员工总结工作。

总结才能提高，总结才能更加清楚自己的实力，才能明确改进的方向和方法。所以，现场主管必须帮助员工不断对自己的工作做出总结，使员工从总结中获得提高和进步。现场主管应鼓励员工向自己汇报工作进展情况，鼓励员工提出工作中遇到的障碍，提出有关资源、协调、推动的请求，以帮助员工更加高效地工作。

3. 个别辅导

对员工进行个别辅导时，现场主管一定要注意以下事项。

（1）说明辅导。事前准备一些通俗易懂的文字资料、音像资料，边说明边注意员工的理解程度，不明之处可反复说明。

（2）咨询辅导。对心理惶恐不安的员工，应采取积极倾听法，即不停地附和员工的言语，对其所提的问题均给予正面回答："你的想法有一定的道理！""要是我的话，就这么做！"此法让对方消除心理不安因素，坚定对自己的信心。

（3）挑战辅导。有能力的员工出色地完成工作后，除了给予其肯定之外，现场主管还可以适时交予其更难一点的事项，让其向更高一级的难度挑战。

（4）刺激辅导。对能力高的员工，现场主管可不做任何具体指导，只在想法和要点上对其略作提示即可，然后，不问过程，只看结果。

（5）答疑辅导。对自己有一套意见和想法的员工，现场主管除了要尽可能地摆明自己的观点之外，还要回答员工的提问，哪怕所提问题十分浅显，也应给予热心解答。

4．集中指导

对员工进行集体辅导时应注意以下事项。

（1）明确集体目标。

之所以有人反对集体目标，就是没能让其参与其中的缘故。如果企业能让每个成员都参与目标的制定，那么现场每个人都会成为目标的坚定执行者和拥护者。

（2）强调协同配合意识。

明确小组间要配合的目标、题目、规则、约定等事项，分配好每个人的职责职责一旦定下，就必须积极执行；强调尊重彼此的职责，先打招呼后行动；让每个人都意识到自己在小组里是不可缺少的，自己的工作要是没有做好，就会给别人添麻烦。

（3）借用集体的智慧。

现场主管在制定规则、约定时，应首先听取大家的意见，吸取集体的智慧；然后，视情形而放手（权），使大家有欲望地自主完成工作。只有共同行动，才有可能进一步加深与员工之间的相互理解，现场主管绝不可以只停留在口头指挥上。

（4）提高集体的自豪感和自尊心。

谁都喜欢在一个有荣誉和有知名度的集体里工作，好的传统、风气、习惯要有意识地传承下去，使每个人都有荣誉感。当个人和集体的能力都得以提高时，现场管理就有了成功的基础。

2.3 进行岗位轮换

岗位轮换制是让员工轮换从事若干种基层岗位工作的做法，它能达到考察员工适应性和开发员工多种能力的双重目的。除了在能力开发方面的作用之外，岗位轮换制度在生产经营上也有很重要的作用。第一，岗位轮换制有助于打破部门横向间的隔阂和界限，给协作配合打好基础。第二，轮换有助于员工认识本职工作与其他部门工作的关系，从而更深刻地理解本职工作的意义，提高工作积极性。

岗位轮换一般可以分为新入职员工的岗位轮换实习、在职员工的岗位轮换、公司管理骨干的岗位轮换、其他岗位轮换。以下是几种常见的岗位轮换方法。

1．新员工巡回实习

新员工在就职培训结束后，根据最初的适应性考察会被企业分配到不同部门去工作。在部门内，为使他们尽早了解工作全貌，同时也为进一步考察他们的适应性，不立即确定他们的工作岗位，而是让他们在各个岗位上轮流工作一定时期，亲身体验各个不同岗位的工作情况，为以后工作中的协作配合打好基础。经过这样的岗位轮换（每一岗位结束时都有考评评语），企业对新员工的适应性就会有更深刻的了解，最后再确定他们的正式工作岗位。这一过程一般需一年左右。

2．培养"多面手"员工的轮换

为适应日趋复杂的生产作业，企业应建立"灵活反应"式的弹性组织结构，要求员工具有较宽的适应能力。当生产内容发生转变时，员工能够迅速实现转移。员工不能只满足于掌握单项专长，而必须是多面手、全能工。在日常情况下，现场主管应有意识地安排员工轮换做不同的工作，以使其掌握不同技能。

3．消除僵化，活跃思想的轮换

长期固定从事某一工作的人，无论他原来多么富有创造性，都将逐渐丧失对工作内容的敏感而流于照章办事，这种现象被称为疲顿倾向。疲顿倾向是提高效率和发挥创新精神的大敌，而企业通过定期进行职务轮换，则可以使员工保持对工作的敏感性和创造性。岗位轮换是克服疲顿倾向的有效措施。它可以给现场不断补充新鲜"血液"，使产品不至落后于时代潮流。

4．其他轮换

当企业需调整某些部门的年龄构成，或员工出现不能适应工作的情况，或需加强员工的能力，或合并某些业务部门等时，都会发生相应的岗位轮换。

第3节　现场人员日常管理

企业为完成现场精益化管理目标，就需要现场管理人员从贯彻标准操作开始，到营造一种可充分调动车间员工工作积极性的工作环境为止，对所有项目开展管理工作。一般来说，现场人员的日常管理主要包括以下几个方面的内容。

3.1　员工出勤管理

出勤管理是实施人事考核的最基础的工作。它事关员工考勤管理和工资结算，影响到现场人员调配和生产进度，涉及人员状态把握和生产活动能否运转。企业随时把握员工的出勤状态并进行动态调整，才能确保日常生产顺利进行。出勤管理主要包括时间管理和状态管理。

1．时间管理

时间管理是指管理员工是否按时上下班，是否按要求加班等情况，其核心是管理员工是否按时到岗，主要表现为缺勤管理。一般来说，员工缺勤有迟到、早退、请假、旷工、离职等几种情形。

（1）对于迟到、早退等情况，现场管理人员应该向当事人了解原因，同时严格按照企业制度考勤。除非情况特殊，现场管理人员一般要对当事人进行必要的个别教育或公开教育，对于多次迟到、早退且屡教不改的，应该升级处理。

（2）员工请假需按照企业制度，提前书面请假且获得批准后才能休假。在特殊情况下，员工可以口头请假，但需现场主管确认缘由，并给予恰当处理。这样处理既显示了制度的严肃性，又体现了管理的人性化。

（3）员工出现旷工情形时，现场管理人员应该及时联系当事人或向熟悉当事人的同事了解情况，以确认当事人是出现意外不能及时请假，还是本人恶意旷工。如果是前者，现场管理人员应该首先给予其关心，必要时进行指导教育；如果是后者，则应该当作旷工事故按制度严肃处理。

（4）在遇到员工不辞而别的离职情形时，现场管理人员应该及时联系当事人或向熟悉当事人的同事了解情况，尽量了解员工不辞而别的原因。如果是工作原因或个人没想好，现场管理人员该做引导挽留工作的要做引导挽留，就算是员工选择了离职也要给予必要的感谢、善意的提醒，必要时诚恳地听取其对企业、班组和本人的意见或建议。

员工出勤的时间管理可以根据考勤进行出勤率统计分析，从个人、月份、淡旺季、季节、假期等多个角度分析其规律。例如，夏季炎热，员工体力消耗大，因身体疲劳或生病原因缺勤的情形就会增多。掌握历年来的规律能为班组定员及设置机动人员提供依据，做到提前准备，及时调配。

2．状态管理

状态管理是指对已出勤的员工在岗工作状态进行的管理。员工精神状态、情绪、体力如何，现场管理人员可通过观察其工作表现和工作品质来把握。当发现员工状态不佳，难以保证安全和品质时，现场管理人员要及时采取措施进行处理；如果发现员工有个人困难而心绪不宁甚至影响工作时，要给予真诚的帮助。所以，现场管理人员要学会察言观色，以确保生产顺利进行，确保员工人到岗、心到岗，状态到位、结果到位。

3.2　员工工作纪律管理

1．加强纪律教育

企业加强对员工的纪律教育，能让他们充分认识到遵章守纪的重要性；同时，有针对性地教育那些纪律意识不强的员工，选用典型的事故案例让他们学习，与他们交心谈心，能提高他们的认识，使他们自觉地遵章守纪。

2．加大督察力度

企业加大督察力度，可以使违章违纪人员无机可乘。劳动纪律督察小组成员可从员工中选出，每组需两人以上轮流值班。督察小组要相互监督，秉公执法，对事不对人，做到有错必究，违章必处，以保证公平、公正的执法，让违章违纪人员被处罚后心服口服。

3．把握处罚力度

督察小组在抽查时，若发现违章违纪人员，可采取一些适当的处罚措施，比如扣当事人工资等，以保证处罚措施既起到了警示作用，又能使员工接受。

3.3　现场员工日常绩效考核

企业在对生产现场员工进行日常考核时，通过将生产现场工作中所有的规章制度的执行与薪资挂钩，既保证了制度的行之有效，又保证了生产现场管理的秩序和改善。日常绩效考评制度也是现场管理人员开展现场管理工作的有力法宝。

企业要对员工开展绩效考核，必须先有制度、有标准，只有这样才能考之有据，考核的结果也才能让员工心服口服；反之，只根据现场管理人员的喜好而定，同一行为，有的处罚、有的不处罚，有的奖励、有的不奖励，不但绩效考核起不到作用，还会给员工管理造成混乱，以致造成人员流失。

以下是某企业的员工绩效考核制度，供读者参考。

【范本3-02】员工日常绩效考核制度

员工日常绩效考核制度

一、目的

为提高广大员工的工作积极性和责任感，营造互助合作勤勉上进的团队氛围，提高产品品质和生产效率，特制定本制度。

二、适用范围

适用现场所有员工，采用上级考核下级的办法，即班组长考核组员，管理人员考核班组长。

三、考核规定

1．日常绩效考核以100分为基数，根据考核标准，实行日常时时考核，以月度为考核结算单位，考评分不保留到下一个月。

2．考核结果与员工的岗位责任工资和岗位业绩工资挂钩，绩效工资＝（岗位责任工资＋业绩工资）×考核奖罚系数。绩效奖罚系数＝月度考核总分÷100－1.0。

3. 当员工月度考核总分低于75分时，下岗培训一个月，培训结束后的下一个月的月度考核分仍未达到75分的，予以末位淘汰。

4. 日常绩效考核作为员工年度绩效评定及职务晋升与相关定级的主要依据。

5. 日常绩效考核表必须公开张贴现场，以便员工监督。每次进行绩效加分减分时，必须注明加分或减分的明细依据，否则视为无效分。若当日无加减分的可以不填。

6. 各考核担当者应以客观公正、认真负责地态度进行考核，并能积极妥善地处理考核中出现的问题，决不允许弄虚作假、枉公徇私，一经发现必将严肃查处。

四、考核标准的处罚细则

考核标准的处罚细则如下表所示。

大类	项 目	扣分标准（分）
考勤	上班迟到早退及未打卡一次	1.0
	各项会议迟到一次	0.5
	旷工一次	5.0
	因私事假一次（两次／月以上）	1
	代打卡一次	5
6S	工作服过脏	0.5～1.0
	在工作场所未穿劳保鞋	0.5
	未按规定要求着装	0.5
	在企业管辖区域内随地吐痰、乱扔果皮杂物等	1.0～3.0
	在企业禁烟管辖区域内吸烟的	3.0
	在空调开启场所未能及时关门或擅自开启窗户	0.5～1.0
	各班组及人员未能按规定扫除、点检的（如设备、计量、过滤网及包干场所等）	1.0～3.0
	发现安全隐患未能及时整改及上报	0.5～3.0
	作业区域定置、定位混乱及较脏	0.5～2.0
	卫生区域负责人未及时打扫	0.5
	未搞好卫生，设备脏	0.5
	卫生用具摆放不整齐	0.5
	桌面物品摆放不整齐，桌子摆放不整齐	0.5
	物品未按要求进行摆放	0.5
	未佩戴员工牌	0.5

（续表）

大类	项目	扣分标准（分）
6S	接听电话及平常问候中，未能使用礼貌用语	0.5
	损坏公物	0.5~5.0
工作纪律	上班接私人电话时间过长	1.0~3.0
	上班时间串岗、闲聊、唱歌、大声喧哗	1.0~3.0
	工作时间用餐、吃零食、阅览非业务书刊及谈论低俗话题	1.0~5.0
	坐姿不正、双手插口袋	0.5
	未经允许提前吃饭	1.0
	离开车间未通知当班组长，组长不知组员去向	1.0~3.0
	上班时打瞌睡	3.0
	上班时间擅自离岗	1.0~3.0
	出言不逊、恶语伤人、动手打人及背后搬弄是非	1.0~5.0
	自身或煽动员工造成影响生产进度和品质的各种行为	1.0~5.0
	不及时接听电话	0.5
	上班时间把玩手机（除因公通信外）	1.0
工作态度品质考核	未严格遵照作业各项标准要求操作	1.0
	中途无正当理由脱岗	1.0~3.0
	消极怠工	1.0~3.0
	不服从生产安排	1.0~3.0
	作业记录（包括量产流程卡、各项点检表填写不完整、不清楚或不填）	0.5~2.0
	交接班记录（记录不清）	0.5~2.0
	隐瞒或歪曲事情缘由，造成情况失实	1.0~3.0
	异常情况未及时处理或汇报	0.5~2.0
	挑拨离间、破坏团结合作	1.0~5.0
	对上级布置工作实施不力或未认真执行	1.0~5.0
	因工作安排不当等自身原因而未能完成生产任务及工时失控	1.0~5.0
	因安排工作不当造成效率下降或停机	0.5~2.0

（续表）

大类	项　目	扣分标准（分）
工作态度品质考核	操作失误，导致设备损坏	1.0～5.0
	未能完成各项指标的（另见品质考核目标）	0.5～3.0
	发现异常未能及时反馈的	0.5～1.0
	人为导致品质问题，给企业造成损失在200元以内的	0.5～1.5
	人为导致品质问题，给企业造成损失在200～400元的	1.5～2.5
	人为导致品质问题，给企业造成损失在400～600元以内的	2.5～3.5
	人为导致品质问题，给企业造成损失在600元以上的	3.5～5.0
	未按规定作业（包括自检造成批量特采的）	0.5～3.0
	产品标志纸与实物不相符的	0.5
	品质异常未及时发现，当班生产品质低下	1.0～3.0
	人为造成漏加工，未能及时发现流入下工序	2.0
	因人为因素造成产品200元以上品质损失的	除按上述扣分外，每次还须按成本价10%～30%赔偿，因其他原因造成重大品质事故的由主管以上管理人员决定处理结果

五、考核标准的奖励细则

考核标准的奖励细则如下表所示。

考核标准的奖励细则

序号	项目	奖分标准（分）
1	每周6S评比优胜奖的班组或个人	1.0/人
2	文章（摘抄除外）刊登在各类报刊上	1.0
3	参加企业各项活动荣获一等奖	个人加2分、团体奖1分/人，其他奖项个人加1分、团体各0.5分
4	对品质方面有良好提议的，实施后品质有改善的	1.0～3.0
5	工作积极，表现良好，积极配合组长工作	1.0～3.0
6	及时发现各项问题，减少企业损失	1.0～5.0
7	各项实验很认真负责完成	0.5～2.0

序号	项目	奖分标准（分）
8	培训新员工时，带教认真负责，并很快使新员工上岗者	2.0～5.0
9	当月全员努力，超额完成各项任务	1.0／人
10	对违规行为及时指正	1.0
11	生产加工技术进步较快人员	0.5～2.0
12	积极为生产加工作出贡献人员	0.5～3.0
13	为按时完成任务主动加班且表现突出	0.5～2.0
14	为按时完成任务主动损失自己工时	0.5～2.0
15	主动指导和帮助其他员工	0.5～2.0
16	带徒弟方法有效，培训出来的新员工技术进步快，工作表现好的老员工	0.5～2.0
17	超水平加工产品等	不违反规范作业
18	完成本职工作后协助车间管理工作	1.0
19	工艺改进建议并有成效	0.5～3.0
20	产品品质为班组最优的	1.0
21	下工序作业人员及时发现上工序异常，同时得到及时处置的	0.5～3.0

六、其他

在实际操作中与上述各项不相符的，但对企业、部门及班组造成经济、工时、声誉等不良或优良作业的（班组），现场班组长必须向班长或管理者提议，经班长或管理者确认后给予一定的绩效分数加减。

学 习 笔 记

通过学习本章内容，想必您已经有了不少学习心得，请仔细记录下来，以便巩固学习成果。如果您在学习中遇到了一些难点，也请如实写下来，以备今后重复学习，彻底解决这些学习难点。

同时本章列举了大量的实用范本，与具体的理论内容互为参照和补充，方便您边学边用，请如实填写您的运用计划，以使工作与学习相结合。

我的学习心得：

1. _____
2. _____
3. _____

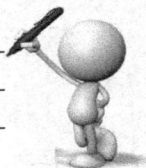

我的学习难点：

1. _____
2. _____
3. _____

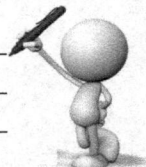

我的运用计划：

1. _____
2. _____
3. _____

第 4 章

现场设备管理

设备是完成产品生产或提供服务的保障，是企业生产力的重要因素之一。设备的先进程度、好坏和技术状态，直接影响到生产或服务能否顺利进行、产品品质的稳定性、生产成本的降低、生产效率的提升、员工操作的疲劳度、产品交货期的准确率、因设备引起的工伤事故频率等等。因此，现场管理的一个重要内容就是对现场设备的管理和维护。

第1节　现场设备的日常管理

1.1　做好设备的识别管理

识别项目包括设备的名称、管理编号、精度校正、操作者、维护人员、运作状况、设备位置，安全逃生、生命急救装置，操作流程示意。识别方法有以下几种。

1. 标注位置

画出大型设备的具体位置。

2. 在显眼处悬挂或粘贴标牌、标贴

（1）一台设备有时要几个部门共同管理，所以最好统一设计一个编号。

（2）在判定某设备运作异常后，需要悬挂显眼标牌示意，判定人员需在该标牌上附上签名以及判定日期等内容，然后从现场撤离，这样也可以有效防止他人误用。

（3）标贴最好用做过塑处理的或胶质贴纸。

3. 规划专用场地，并设警告提示

企业可为对粉尘、湿度、静电、噪声、振动、光线等环境条件要求特殊的设备设置专

用场地，必要时用透明胶带将其圈围起来，并附上醒目警告提示。

4．设置颜色鲜艳的隔离装置

对只凭警告标志还不足以阻止危险发生的地方，最好的办法就是利用颜色鲜艳的装置将其隔离开来；若无法隔离，则应设有紧急停止装置，以保证在任何情况下的人身安全。

5．声音、灯光提示

设备在正常作业情况下亮绿灯，异常情况下亮红灯，并伴有鸣叫声。

6．痕迹留底识别

精密设备一旦设定最佳运作位置之后就需将痕迹留底，以便修理人员拆卸维修之后，能将其原件迅速、准确复位，使其顺利运作。

1.2 现场设备使用管理

1．制作操作说明书

操作说明书是对某项设备各个技术环节的操作进行指导说明的文件，它可以让使用者尽快掌握必要的生产技术，合理使用设备。

制作指导操作说明一般包括引言、操作原理、用具及设备说明、操作说明、注意事项、附录。当然，根据不同产品不同的要求，内容可以进行调整。操作原理要简单易懂，避免过多的专用词语；操作说明应按操作步骤逐条说明。

2．凭证操作

设备操作证是准许操作人员独立使用设备的证明文件，它是生产设备的操作人员通过技术基础理论和实际操作技能培训，经考核合格后所取得的。凭证操作是保证正确使用设备的基本要求。

3．加强"三好"、"四会"、"五项纪律"要求

作为设备操作人员，一定要了解设备操作的"三好"、"四会"、"五项纪律"要求，并严格遵守。

（1）"三好"的内容如图4-1所示。

管好　→　自觉遵守定人定机制度，凭操作证使用设备，不乱用别人的设备；管好工具、附件，放置整齐，不丢失损坏；安全防护装置齐全好用，线路、管道完整

| 用好 | 设备不带病运转，不超负荷使用，不大机小用、精机粗用；遵守操作规程和维护保养规程；细心爱护设备，防止事故发生 |

| 修好 | 按计划的检修时间停机修理，积极配合维修工，参加设备的二级保养工作和大修理、中修理后完工验收试车工作 |

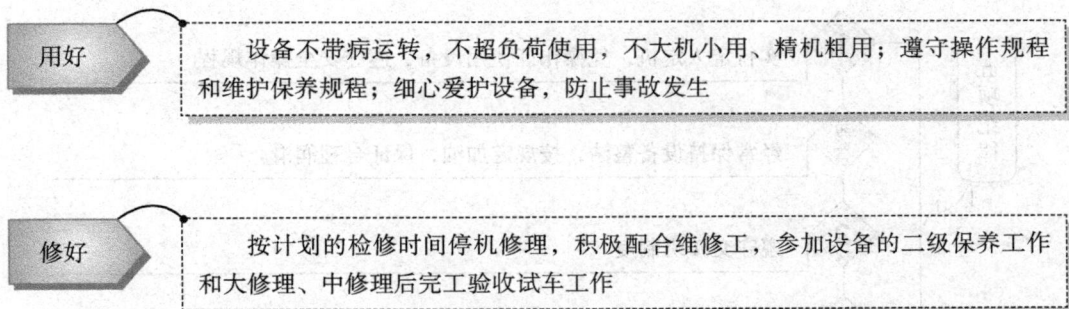

图4-1 "三好"的内容

（2）"四会"的内容如图4-2所示。

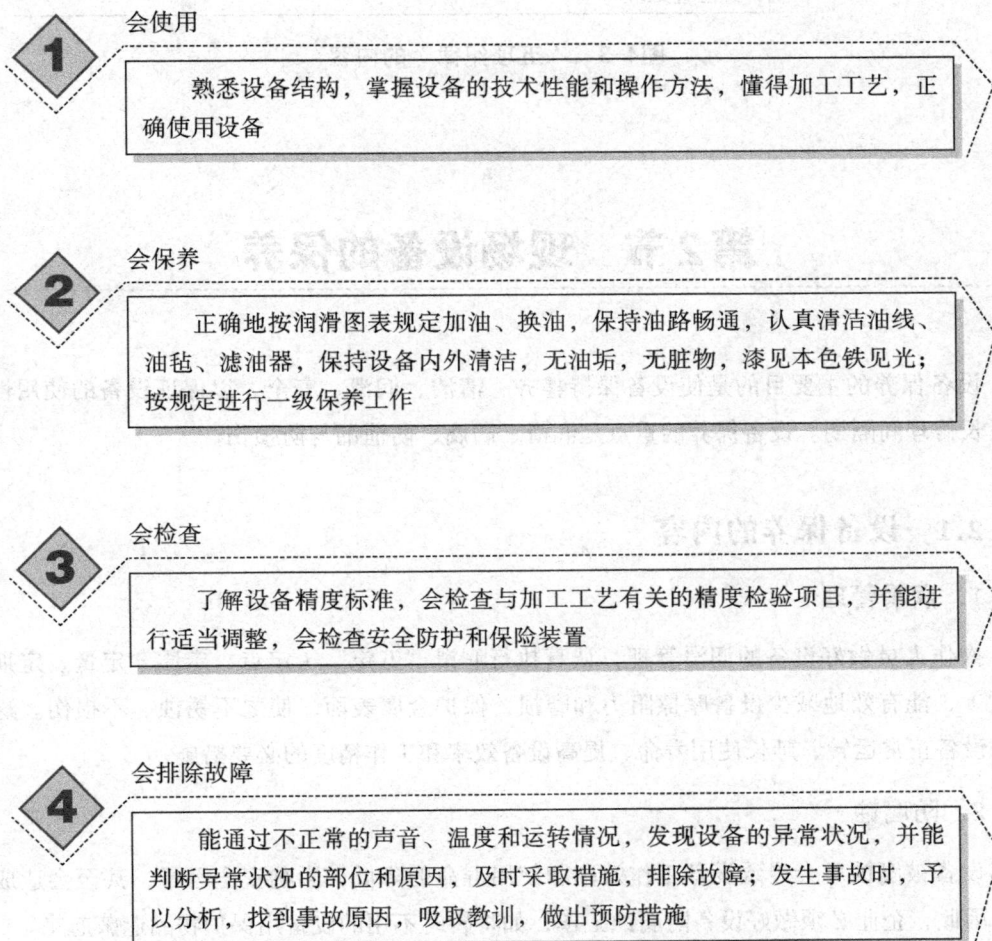

| 1 | 会使用 熟悉设备结构，掌握设备的技术性能和操作方法，懂得加工工艺，正确使用设备 |

| 2 | 会保养 正确地按润滑图表规定加油、换油，保持油路畅通，认真清洁油线、油毡、滤油器，保持设备内外清洁，无油垢，无脏物，漆见本色铁见光；按规定进行一级保养工作 |

| 3 | 会检查 了解设备精度标准，会检查与加工工艺有关的精度检验项目，并能进行适当调整，会检查安全防护和保险装置 |

| 4 | 会排除故障 能通过不正常的声音、温度和运转情况，发现设备的异常状况，并能判断异常状况的部位和原因，及时采取措施，排除故障；发生事故时，予以分析，找到事故原因，吸取教训，做出预防措施 |

图4-2 "四会"的内容

（3）"五项纪律"的内容如图4-3所示。

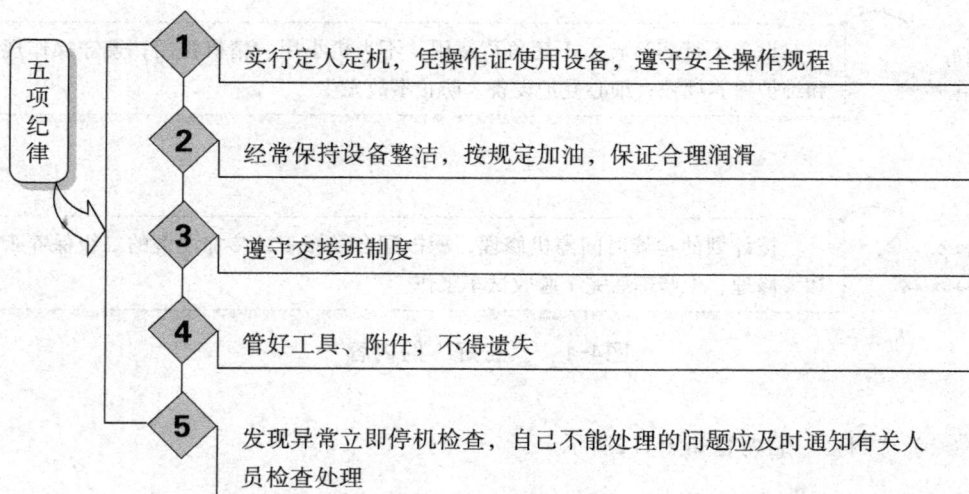

图4-3 "五项纪律"的内容

五项纪律

1 实行定人定机，凭操作证使用设备，遵守安全操作规程

2 经常保持设备整洁，按规定加油，保证合理润滑

3 遵守交接班制度

4 管好工具、附件，不得遗失

5 发现异常立即停机检查，自己不能处理的问题应及时通知有关人员检查处理

第2节　现场设备的保养

设备保养的主要目的是使设备保持整齐、清洁、润滑、安全，以保证设备的使用性能并延长修理间隔期。设备保养的重点是润滑、防腐、防泄漏与防损伤。

2.1　设备保养的内容

1．润滑管理

操作人员做好设备的润滑管理，认真执行润滑"五定"（定点、定质、定量、定期、定人），能有效地减少设备摩擦阻力和磨损，保护金属表面，使之不锈蚀、不损伤。这是保证设备正常运转、延长使用寿命、提高设备效率和工作精度的必要措施。

2．防腐蚀

设备被腐蚀后会导致设备工作效率和使用寿命的降低，影响安全运行，甚至会造成事故。因此，企业必须做好设备防腐蚀工作，如将暂时不用的设备用保护物品遮蔽起来。

3．防泄漏

防泄漏也是维修保养工作的重要内容之一。认真治理和防止设备的跑风、冒气、滴水、漏油，这是大多数设备的共同要求。

4．防损伤

设备一旦遭到损伤，往往容易导致故障。因此，企业应当采取各种措施防止设备遭受损伤，例如为其设置防护装置等。

2.2　关键设备的维护

在生产中，企业应对关键设备实行"特护"。"特护"即设备的特级维护，它将生产流程中起关键作用的一台或几台设备按工艺流程划分为一个单元，由操作人员、维护人员、专检人员等组成特护小组，在对特护设备实行"三包"（包运行、包保养、包维修）的基础上，通过对设备的"检查—处理—改善"的反复循环，使关键设备的运行始终处于最佳状态，从而取得系统的高效益。

与此同时，还有一些企业把"特护"与"三检"结合起来，组成"三检"、"特护"管理体系。其具体内容如下所示。

1．操作人员

操作人员按岗、定时巡检，建立现场设备横向检查维护管理体系，具体内容如图4-4所示。

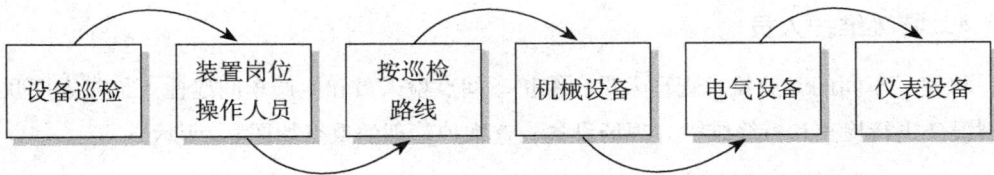

图4-4　现场设备横向检查维护管理体系

2．维护人员

机械、电气设备、仪表维护人员定时、定位点检，建立现场设备纵向维护管理网络体系，具体内容如图4-5所示。

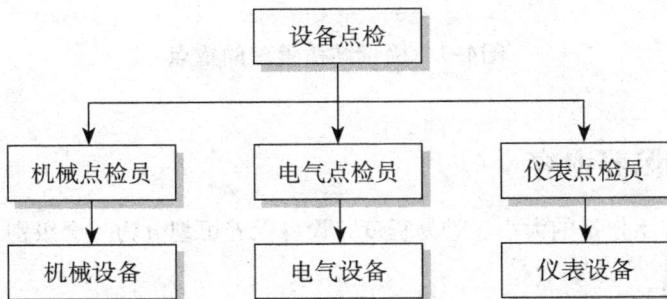

图4-5　设备纵向维护管理网络体系

3．专检人员

处、室、生产车间、维护车间、专业技术管理人员进行专检，建立现场设备检查维护管理的监督保证体系，具体内容如图4-6所示。

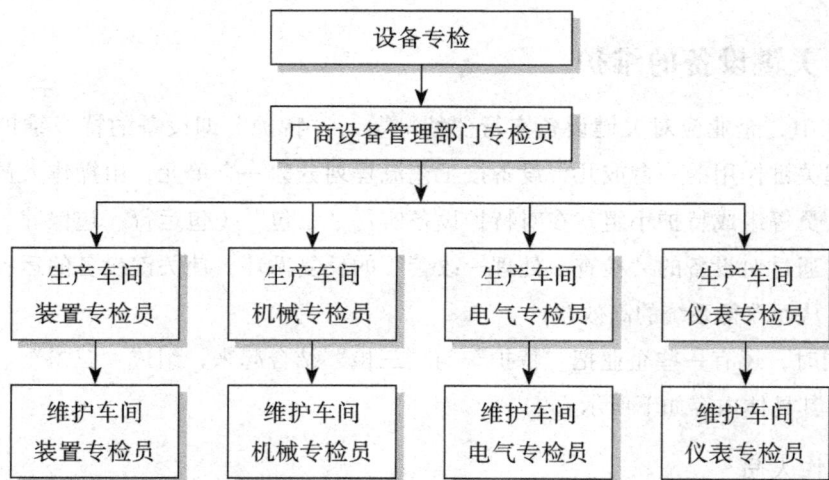

图4-6 现场设备检查维护管理的监督保证体系

4．特级维护人员

科室、车间的专业技术管理人员，维护车间点检人员和生产车间巡检人员应定期联合对关键设备进行检查和特级维护。现场设备检查维护管理的重点如图4-7所示。

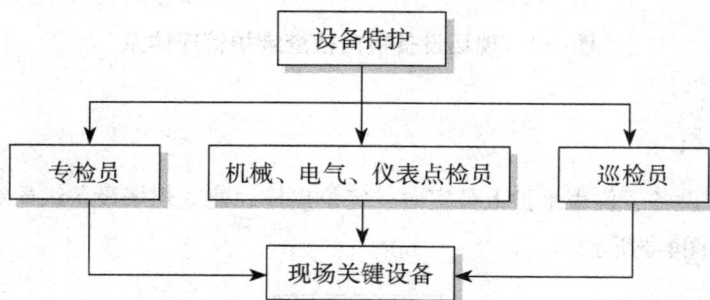

图4-7 检查维护管理的重点

2.3 三级保养内容

依据设备保养工作量的大小、难易程度，设备保养可划分为三个级别。

1．一级保养

一级保养内容主要如下。

（1）检查传动带是否松动。

（2）检查制动开关是否正常。

（3）检查安全防护装置是否完整。

（4）检查设备易松动的部件是否坚固。

（5）检查设备运作环境是否清洁，有无障碍物。

一级保养工作结束后要做好记录，将保养内容记录在一级保养卡中。由于一级保养大多是由设备操作人员自主完成，因此应参考一些保养文件进行，如保养作业指导书等。

【范本4-01】一级保养卡

一级保养卡

设备名称					编号				
直接保养责任人					直接上级				
保养内容\日期	周围环境	表面擦拭	加油润滑	固件松动	安全装置	放气排水	……	保养者签章	上级签章
1									
2									
3									
4									
…									
31									

2．定期的二级保养

二级保养主要是为了清除设备使用过程中由于零部件磨损和维护保养不良所造成的局部损伤，减少设备有形磨损。设备二级保养内容如下。

（1）清扫、检查电气箱、电动机，做到电气装置固定整齐，安全防护装置牢靠。

（2）清洗设备相关附件及冷却装置。

（3）按计划拆卸设备的局部和重点部位，并进行检查，彻底清除油污，疏通油路。

（4）清洗或更换油毡、油线、滤油器、滑导面等。

（5）检查磨损情况，调整各部件配合间隙，紧固易松动的各部位。

二级保养主要依据"周保养检查记录表"完成，一般在周末进行停机保养，由操作人员进行，特殊情况可请维修人员配合。二级保养需编制二级保养卡。

【范本4-02】二级保养卡

二级保养卡

设备名称		设备编号		
二级保养者		督导者		
项次	保养项目	保养标准	保养周期	保养结果记录
1				
2				
3				
……				
31				

3. 三级保养

三级保养是设备磨损的一种补偿形式，是以维持设备技术状况为主的检修形式。三级保养的实施主要以维修人员为主，操作人员参加。其主要内容如下。

（1）对设备进行部分解体检查和修理。

（2）对各主轴箱、变速传动箱、液压箱、冷却箱进行清洗并换油。

（3）修复或更换易损件。

（4）对设备进行校准，并在"校准证"上做好记录。

（5）保证设备主要精度达到工艺要求。

（6）保养周期视设备具体情况而定。

三级保养工作结束后，操作人员除了要做好记录，还要及时检查其效果，并运用好检查表对三级保养的情况进行核查。

【范本4-03】三级保养卡

三级保养卡

设备名称		设备编号	
保养方式	1．自行实施（　）	2．厂外实施（　）	
责任部门		责任人	
保养周期			
厂外实施单位			

（续表）

项次	保养情况记录	保养费用
1		
2		
3		
4		
5		
6		
7		
8		
…		

三级保养效果检查表

设备名称		设备编号	
保养方式	1．自行实施（ ）		2．厂外实施（ ）
责任部门		责任人	
保养周期			
厂外实施厂名			
保养时间			
保养成本			
项目	保养前	保养后	升降率
工作效率			
故障率			
……			
综合评价			

第3节　现场设备故障的修理

设备中某一结构、机械或零件的尺寸、形状或材料发生改变而不能正常地执行预定的功能，称为设备故障（失效）。设备产生故障后，轻则影响产品品质、生产效率、操作适宜性等，还有可能会降低设备的使用精度和寿命；重则可能造成停产、环境污染、安全事故及人身伤害等大事故。因此，现场管理者应重视设备故障的预防。

3.1　设备故障产生的原因

设备（零件）故障产生的主要原因有以下几个方面。

1．设计缺陷

设计缺陷包括结构上的缺陷、材料选用不当、强度不够、没有安全装置、零件选用不当等。

2．制造加工缺陷

制造加工缺陷包括尺寸不准、加工精度不够、零部件运动不平衡、多个功能降低的零件组合在一起等。

3．安装缺陷

安装缺陷包括零件配置错误，混入异物，机械、电气部分调整不良，漏装零件，液压系统漏油，机座固定不稳，机械安装不平稳，调整错误等。

4．品质管理上的缺陷

品质管理上的缺陷包括未认真按品质标准制造检验，使用不合格零件、元件，使用失灵的控制装置，遗漏检验项目等。

5．使用缺陷

使用缺陷包括环境负荷超过规定值，工作条件超过规定值，误操作或违章操作，零部件、元件使用时间超过设计寿命，缺乏润滑，零部件磨损，设备腐蚀，运行中零部件松脱等。

6．维修缺陷

维修缺陷包括未按规定维修，维修品质差，未更换已磨损零件，查不出故障部位，使设备带"病"运转等。

3.2　现场设备故障预防要领

企业生产现场设备的预防主要有以下两种情况。

1．设备使用时的预防

（1）询问制造厂家的设备使用说明，掌握一般的使用方法。

（2）从制造厂家处听取关于保养、点检的要领以及发生故障时的处置说明。

（3）询问设备不良时通知制造厂家的方法。

（4）准备保养所需的材料、物品（可库存一定数量）。

2．日常运转时的预防

（1）遵守操作规程，通过特别清扫来发现设备微小的缺陷。

（2）根据规定的日常点检检查表每天对设备进行点检，发现设备异常后根据操作手册来处理。

（3）自己修理不了时，立即通知制造厂家。

（4）运转时的异常现象要全部告知直接上司。

设备技术状态劣化或发生故障后，为恢复其功能和精度，企业应对设备的局部或整机进行检查并选择合适的维修方式，以使其恢复到正常的工作状态。

3.3 选择设备维修方式

1．设备故障原因分析

在生产过程中，随着零部件磨损程度的逐渐增大，设备的技术状态将逐渐劣化，其功能和精度将难以再满足产品品质和产量的要求，甚至发生故障。造成设备需维修的原因很多，主要有图4-8所示的几点原因。

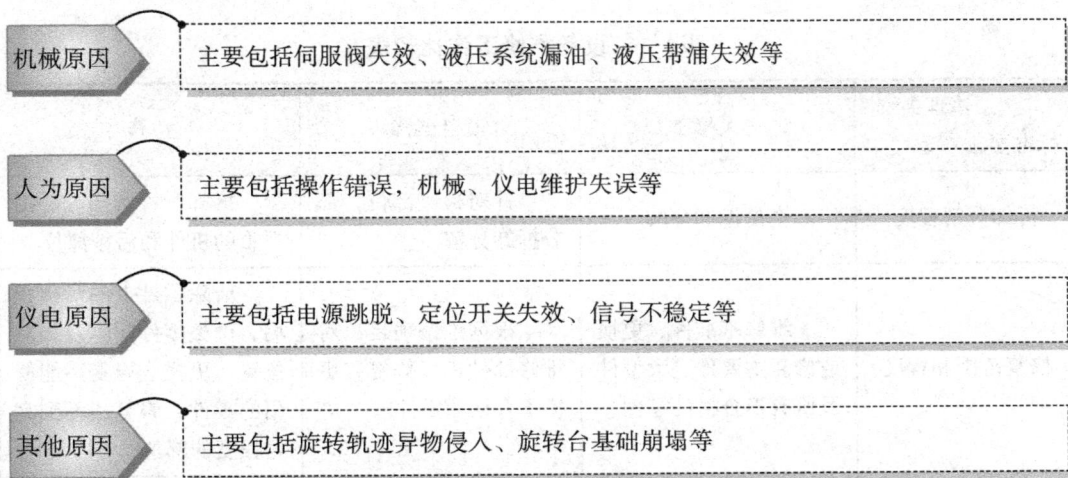

机械原因	主要包括伺服阀失效、液压系统漏油、液压帮浦失效等
人为原因	主要包括操作错误，机械、仪电维护失误等
仪电原因	主要包括电源跳脱、定位开关失效、信号不稳定等
其他原因	主要包括旋转轨迹异物侵入、旋转台基础崩塌等

图4-8　设备维修原因

2．设备维修的类别

维修类别是根据维修内容、技术要求以及工作量的大小，对设备维修工作的划分。预防修理分为大修、项修和小修三类。

（1）大修。

设备的大修是工作量最大的计划维修。进行大修时，设备的全部或大部分部件都需被解体。大修包括修复基准件，更换或修复全部不合格的零件；修复和调整设备的电气及液、气动系统；修复设备的附件以及翻新外观等。大修的目的是要全面消除修前存在的缺陷，恢复设备的规定功能和精度。

（2）项目维修。

项目维修是根据设备的实际情况，对状态劣化、已难以达到生产工艺要求的部件进行有针对性的一种维修。项目维修时，一般要进行部分拆卸、检查、更换或修复失效的零件；必要时，还需对基准件进行局部维修和调整精度，以恢复所修部分的精度和性能。

项目维修的工作量视实际情况而定。项目维修具有安排灵活、针对性强、停机时间短、维修费用低、能及时配合生产需要、避免过剩维修等特点。对于大型设备、组合机床、流水线或单一关键设备，企业可根据日常检查、监测中发现的问题，利用生产间隙时间（节假）安排项修，以保证生产的正常进行。

（3）小修。

设备小修是工作量最小的计划维修。对于实行状态监测维修的设备，小修的内容是针对日常点检、定期检查和状态监测诊断发现的问题，拆卸有关部件，检查、调整、更换或修复失效的零件，以恢复设备的正常功能。对于实行定期维修的设备，小修的主要内容是根据掌握的磨损规律更换或修复在维修间隔期内即将失效的零件，以保证设备的正常功能。

设备修理的具体工作内容如表4-1所示。

表4-1　设备维修工作比较表

标准要求　修理类别	大修	项目维修	小修
拆卸分解程度	全部拆卸分解	针对检查部位，部分拆卸分解	拆卸、检查部分磨损严重的机件和污秽部位
修复范围和程度	维修基准件，更换或修复主要件、大型件及所有不合格的零件	根据维修项目，对维修部件进行修复，更换不合格的零件	清除零件上的污秽积垢，调整零件间隙及相对位置，更换或修复不能使用的零件，修复达不到完好程度的部位
刮研程度	加工和刮研全部滑动接合面	根据维修项目决定刮研部位	必要时局部修刮，填补划痕
精度要求	按大维修精度及通用技术标准检查验收	按预定要求验收	按设备完好标准要求验收
表面修饰要求	全部外表面刮腻子、打光、喷漆，手柄等零部件重新电镀	补漆或不进行	不进行

3.4 维修实施阶段管理

设备的维修必须依照各类维修计划来进行，做好维修的准备、实施和验收三个阶段的工作。

1．维修前的准备工作

（1）划出维修区域。

维修之前，企业应划出专门的维修区域供维修工作使用。

（2）粘贴维修标志。

维修人员应当在需维修的设备上贴上"修理中"、"禁止运行"等标志，以与正常设备区分。

（3）调查设备技术状态及产品技术要求。

为全面深入掌握需修设备技术状态的具体劣化情况和修后在设备上加工产品的技术要求，以设备管理部门负责设备维修的技术人员为主，会同设备使用单位机械动力师及施工单位维修技术人员共同对设备进行调查和修前预检。

2．实施维修

在确定的时间内，维修人员依据维修技术任务书、维修工艺规程对设备进行维修。在维修过程中，维修设备如需与外界隔离，维修人员可以用带老虎线的栏杆将其隔开。

3．验收检查

设备维修完毕后，经维修单位空运转实验以及几何精度检验自检合格后，维修人员通知企业设备管理部门操作人员、机械动力师以及品质检查人员共同参加，进行设备维修后的整体品质检验和验收。设备的大修、项修竣工验收应依其程序进行，具体内容如表4-2所示。

表4-2 设备大修、项修竣工验收程序

检验内容	检验依据	检验人员	记录
空运转试车检验	空运转试车标准	修理单位有关人员	空运转试车记录
		品质检查员、主修技术人员	
		设备操作人员	
		设备管理部门	
负荷试车检验	负荷试车标准	修理单位有关人员	负荷试车记录
		品质检查员、主修技术人员	
		设备操作人员	
		设备管理部门	

（续表）

检验内容	检验依据	检验人员	记录
精度检验	几何工作精度标准	修理单位有关人员	精度检验记录
		品质检查员、主修技术人员	
		设备操作人员	
		设备管理部门	
竣工验收	修理任务书及检验记录	修理单位有关人员	修理竣工报告单
		品质检查员、主修技术人员	
		车间机械员、设备操作人员	
		设备管理部门	

按规定标准，空运转试车、负荷试车及工作、几何精度检验均合格后，设备方可办理竣工验收手续。验收工作由企业设备管理部门主持，由维修单位填写设备大修、项修竣工报告单（一式三份），设备随附解体后修改补充的维修技术文件及试车检验记录。参加验收的人员要认真查阅维修技术文件和维修检验记录，并互相交换对维修品质的评价意见。

在设备管理部门、使用部门和品质检验部门的代表一致确认维修已完成维修技术任务书规定的维修内容并达到规定的品质标准和技术条件后，各方人员在设备维修竣工报告单上签字验收，并在"工程评价"栏内填写验收单位的综合评价意见。各方人员在验收时，如有个别遗留问题，必须不影响设备维修后正常使用，并在竣工报告单上写明经各方商定的处理办法，由维修单位限期解决。

4. 做好维修记录

（1）在维修完毕，一般要做好相应的维修记录，做好"设备维修记录表"的记录，保留维修的证据。

【范本4-04】设备维修记录表

· ·

设备维修记录表

使用单位：　　　　　　维修日期：　　　　　　　　检验日期：

设备名称：		设备编号：		型号规格：
序号	维修内容	维修结果	维修人员	检验人员

（2）设备的大修、项修的相关表格。维修人员在设备的大修、项修完成后，要填写"设备大修、项修完成情况明细表"和"设备大修、项修竣工报告单"。

【范本4-05】设备大修、项修完成情况明细表

设备大修、项修完成情况明细表

序号	工作令号	资产编号	设备名称	规格型号	制造厂	出厂日期	使用部门	复杂系数		修理性		计划进度（季）				计划修理费用/元		实际修理费用/元		实际开工时间月、日	实际完成时间
								机	电	大修	项修	一	二	三	四	机	电	机	电		

【范本4-06】设备大修、项修竣工报告单

设备大修、项修竣工报告单

维修日期：_____年___月___日　　　　　　验收日期：_____年___月___日
填 报 人：_____　　　　　　填报日期：_____年___月___日

设备编号		设备名称		设备型号	
序号	**维修项目**	**维修记录**	**试运行状况**	**维修人员**	
验收单位意见	设备使用部门				
	设备管理部门				
	品质检验部门				
工程评价栏					

学 习 笔 记

通过学习本章内容，想必您已经有了不少学习心得，请仔细记录下来，以便巩固学习成果。如果您在学习中遇到了一些难点，也请如实写下来，以备今后重复学习，彻底解决这些学习难点。

同时本章列举了大量的实用范本，与具体的理论内容互为参照和补充，方便您边学边用，请如实填写您的运用计划，以使工作与学习相结合。

我的学习心得：

1. ＿＿＿＿＿＿＿＿＿＿＿＿＿＿＿＿＿＿＿
2. ＿＿＿＿＿＿＿＿＿＿＿＿＿＿＿＿＿＿＿
3. ＿＿＿＿＿＿＿＿＿＿＿＿＿＿＿＿＿＿＿

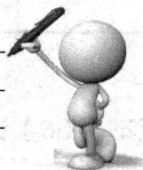

我的学习难点：

1. ＿＿＿＿＿＿＿＿＿＿＿＿＿＿＿＿＿＿＿
2. ＿＿＿＿＿＿＿＿＿＿＿＿＿＿＿＿＿＿＿
3. ＿＿＿＿＿＿＿＿＿＿＿＿＿＿＿＿＿＿＿

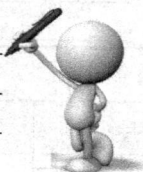

我的运用计划：

1. ＿＿＿＿＿＿＿＿＿＿＿＿＿＿＿＿＿＿＿
2. ＿＿＿＿＿＿＿＿＿＿＿＿＿＿＿＿＿＿＿
3. ＿＿＿＿＿＿＿＿＿＿＿＿＿＿＿＿＿＿＿

第 5 章

现场作业改善管理

现代企业的作业现场是由人员、设备、材料、方法、测量系统和作业环境（统称5M1E）六大生产要素组成的。企业在生产时需要提高自己的生产效率，除了要对人员、设备、材料和作业环境进行精益化管理改善外，还必须从不良品产生多、作业开展困难等现场容易出现的问题出发，改善现场作业。

第1节　现场作业分析的方法

如何使员工对生产现场的改善随时抱着积极的态度以及强烈的欲望呢？这有赖于企业平时灌输给他们如下观念：任何一件事永远无法达到完善的境界，且必定有加以改善的余地。只要时时有这种想法与态度，员工就不难发现问题存在哪里。不过，现场存在的问题并非都是显而易见的。一般来说，随着工作场所的性质不同，发现问题的方式也不同，具体内容如表5-1所示。

表5-1　问题点所在一览表

序号	级别	问题点的所在
1	初级	在自己的工作场所及工作中： （1）感到工作劳累时 （2）对工作的做法感到困惑时 （3）感到浪费、勉强，以及不均衡时 （4）工作失败时 （5）在工作中受伤时 （6）做很艰难的工作时 （7）从事危险的作业时

（续表）

序号	级别	问题点的所在
2	中级	（1）放眼自己的工作场所、工作及制品： 　　① 设备的故障 　　② 重新书写的作业记录 　　③ 故障报告书 　　④ 不良产品报告书 　　⑤ 产品检查记录 （2）制造工序的瓶颈 （3）作业工序表、生产计划表、作业标准书
3	上级	（1）其他部门、其他各种场合： 　　① 前后工序的要求 　　② 抱怨 　　③ 消费者的抱怨 　　④ 承包 　　⑤ 供应商所发生的问题 　　⑥ 间接部门的要求 　　⑦ 抱怨 （2）部门、车间方面的重要问题点，部门、车间的目标和方针 （3）部门、车间、工作场所的慢性问题或不良表现 （4）长期的问题 （5）年度生产、中期计划、新产品计划

1.1　检查表法

检查表法是一种用检查表来检查作业现场中存在问题的方法。

下面是某企业用来检查作业现场问题的"三不"检查表，即关于是否过度、浪费及不均的检查表，供读者参考。

【范本5-01】 "三不"检查表

"三不"检查表

程度 ＼ 项目	作业人员	机械、设备	材料
过度	（1）作业人员是否太少 （2）人员的配置是否适当 （3）能否工作得更舒服一点 （4）能否更为清闲一点 （5）姿势	（1）机械的能力是否良好 （2）机械的精度是否良好 （3）量测器的精度是否良好	（1）材质、强度是否有勉强的地方 （2）是否有不好加工的地方

（续表）

程度＼项目	作业人员	机械、设备	材料
过度	（6）处理方面是否有勉强的地方		（3）交货期是否有勉强的地方
浪费	（1）是否有等待的现象 （2）作业闲暇是否太多 （3）是否有不合理的移动 （4）工作的程序是否良好 （5）人员的配置是否适当	（1）机械的转动状态如何 （2）钻模是否妥善地被活用 （3）机械的加工能力（大小、精度）是否有浪费之处 （4）有无自动化、省力化 （5）平均的转动率是否恰当	（1）废弃物是否能加以利用 （2）材料是否剩余很多 （3）修正的程度如何 （4）是否有再度涂饰
不均	（1）忙与闲的不均情形如何 （2）工作量的不均情形如何 （3）个人差异是否较大 （4）动作的联系是否顺利，是否有相互等待的情形	（1）工程的负荷是否均衡，是否有等待的时间、空闲的时间 （2）生产线是否平衡，是否有不均衡的情形	（1）材质是否有不均的现象 （2）是否有发生歪曲的现象 （3）材料是否能充分供应 （4）尺寸、精度的误差是否在允许的范围之内

1.2　5W1H法

5W即Who，What，When，Why，Where；1H即How，分成How to（方法）或How much（费用）。5W1H法用来检查工作场所的状况。5W2H检查表如表5-2所示。

表5-2　5W2H检查表

5W2H	具体意义	区分
What	做什么？有必要吗	何事
Why	为什么要做？目的是什么	何为
Where	在哪里做？一定要在那里做吗	何地
When	什么时候做？有必要在那时做吗	何时
Who	由谁做？其他人做可以吗	何人
How to	怎样做？有比这更好的手段吗	方法
How much	进行改进会付出什么样的代价	成本

1.3　4M法

4M即Man（从业人员）、Machine（设备、工具）、Material（原料、材料）和Method（方法）等四大生产要素。4M法，即从这四种生产要素出发，检查工作场所的状况。4M检查表如表5-3所示。

表5-3　4M检查表

项目	检查的重点		
人员（Man）	（1）技术良好吗 （2）工作年限足够吗 （3）教育程度如何 （4）是否与作业人员的特性相适应 （5）遵守作业标准吗 （6）遵守规定吗 （7）详知作业标准分类吗 （8）对技术方面很了解吗 （9）每个作业人员之间是否有差异 （10）从事同一作业的各工作班组之间是否有差异	（1）作业方面是否有失误 （2）作业方面是否有不均的现象 （3）操作姿势是否良好 （4）熟悉上司及企业的方针吗 （5）督导者的指示是否彻底执行到位 （6）熟悉自己职位与权责的关系吗 （7）健康状态是否良好 （8）工作态度是否良好 （9）出勤率是否良好 （10）具有高尚的道德观吗 （11）品质良好吗	（1）是否有干劲 （2）对于作业是否不满 （3）是否有协调性 （4）能坦诚地沟通吗 （5）人际关系是否有问题 （6）是否有适当的自我启发以充实自己 （7）时常举行部门内的会议吗 （8）对于协同作业是否有问题
设备（Machine）	（1）机械的能力是否具备 （2）特性值（尺寸、重量等）情况良好吗 （3）数量适当吗 （4）每一部机械是否有显著的差别 （5）机械的性能良好吗 （6）是否经常发生故障 （7）是否能很快发现故障发生的地方 （8）故障的处理到位吗	（1）机械的停止及故障是否会影响品质 （2）日常的检验良好吗 （3）开始作业时的检核良好吗 （4）润滑情况良好吗 （5）磨损情况如何 （6）是否有破损 （7）是否不必交换操作	（1）有无废除的必要 （2）有无预备零件 （3）有无危险 （4）有无杂音 （5）防尘设备良好吗 （6）整理整顿的工作完善吗 （7）跟作业人员之间的关系是否良好 （8）人体工程学方面的考虑周到吗 （9）钻模等的工具情况如何
材料（Material）	（1）了解影响品质特性的因素吗 （2）材质良好吗 （3）商标正确吗 （4）材料的等级及分类适合吗 （5）品质良好吗 （6）材料的数量合适吗 （7）是否混入了异材 （8）额外的工作很多吗	（1）对于不良材料的处置妥当吗 （2）剩余材料的处理方式妥当吗 （3）材料的检查是否有问题 （4）材料是否因批发商不同而有所不同 （5）处理的情形良好吗 （6）材料的保管良好吗 （7）储藏环境是否有问题？有无变化	（1）储藏场所良好吗 （2）搬运良好吗 （3）包装良好吗 （4）单位数量是否均一 （5）是否因与前一工程部门的制造条件不同而有所差别

（续表）

项目	检查的重点		
方法（Method）	（1）调整的方式良好吗 （2）作业的程序良好吗 （3）是否存在不顺利的工作 （4）搬运作业良好吗 （5）工作的程序良好吗 （6）作业现场的布置良好吗 （7）温差适当吗 （8）湿度适当吗 （9）通风情形良好吗 （10）噪声是否很大 （11）照明是否太暗	（1）有无振动 （2）有无浓烈的气味 （3）整理、整顿的情形良好吗 （4）钻模等工具良好吗 （5）作业方式是否有完善的管理 （6）作业上的动作方式恰到好处吗 （7）作业标准是否已经制定 （8）作业标准是否有不完备之处 （9）作业标准未制定的原因是什么 （10）有没有瓦斯外泄	（1）作业标准是否正确 （2）作业标准制度是否很周详 （3）作业标准是否确实遵守 （4）作业标准未被遵守的原因是什么 （5）作业标准是否修订过 （6）作业标准的修订方法是否条例化 （7）作业条件是否有差异 （8）保证的信用如何

1.4 五大任务法

五大任务包括品质、成本、生产量、安全性和人性，具体内容如图5-1所示。

品质

1 （1）不良程度如何
（2）修改的程度如何
（3）不均衡的状态如何
（4）偏离的状态如何
（5）有无异常

安全性

2 （1）安全的状态如何
（2）作业环境的状态如何
（3）疲劳的程度如何
（4）安全对策的状态如何
（5）是否依照规定处理危险物品

成本

3 （1）原单位的状态如何
（2）生产性的状态如何
（3）工时的状态如何
（4）原材料费的状态如何
（5）劳务费的状态如何

生产量

4
（1）生产量的状态如何
（2）半成品的状态如何
（3）有无数量的差异
（4）成品库存的状态如何
（5）是否遵守交货期

人性

5
（1）出勤率状态如何
（2）干劲程度如何
（3）团队精神状态如何
（4）工作场所的气氛如何
（5）加班的程度如何

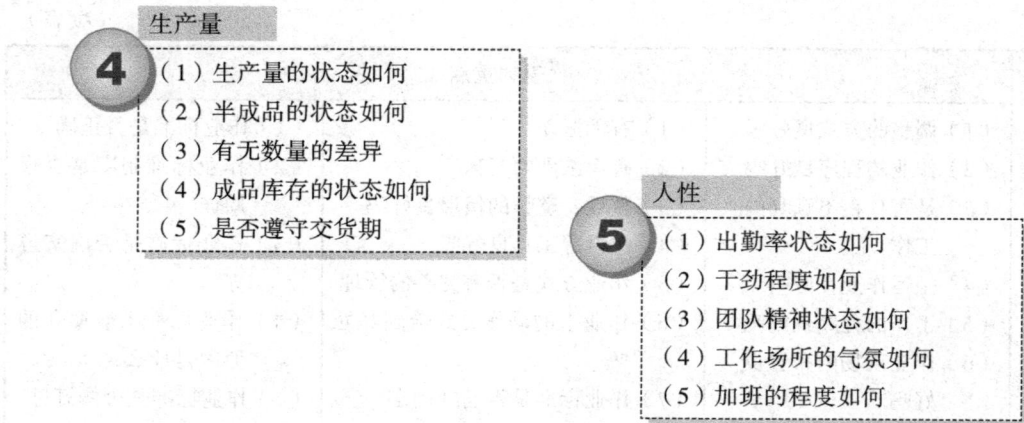

图5-1　工作场所的五大任务

1.5　PQCDSM法

PQCDSM中的P是Productivity（生产率）、Q是Quality（品质）、C是Cost（成本）、D是Delivery（交货期）、S是Safety（安全）、M是Morale（士气）。PQCDSM法，即从这六个方面来检查工作场所的状况。PQCDSM检查表如表5-4所示。

表5-4　PQCDSM检查表

序号	检查项目	检查的重点
1	生产率（Productivity）	最近的生产率是否下降
2	品质（Quality）	（1）品质是否降低 （2）不良制品率是否增大 （3）消费者的抱怨是否太多
3	成本（Cost）	（1）成本是否增高 （2）机械生产力、动力、劳动率的基准量是否降低 （3）管理人员是否太多
4	交货期（Delivery）	交货期是否拖延
5	安全（Safety）	（1）安全方面有问题吗 （2）灾害事故多不多 （3）是否有不安全作业
6	士气（Morale）	（1）士气旺盛吗 （2）人际关系方面有没有问题 （3）作业人员的配置是否适当

第 2 节　现场作业改善的流程

现场作业改善是一种提高作业品质的有效途径，它要求每一个员工必须从作业动作、作业场地、夹具、工具、搬运、搬运工具、机械设备、材料、工作环境等方面入手，开展全方位的改善活动。一般来说，进行现场作业改善可以按以下流程进行。

2.1　制订实施计划

一旦通过发现现场存在的问题，确定改善目标后，就要制订现场改善计划。计划的必要条件如下。

1．决定目标

决定执行人员、何时做完（期限）、做多少（目标）。

2．分担目标

由谁来做、如何做。必要条件一旦整理好，计划就变成较具体的工作，并可书写成改善计划书。

2.2　详细调查现状

改善计划一旦完成，员工便可开始进行现状调查。根据计划，员工彻底地调查工作场所，然后，将所分析的问题具体地加以量化、明确化。

这种观察、记录以及分析是针对实际的活动。同时，在寻求改善的途径上，它也是一种重要的程序。

2.3　考虑改善方案

分析现状的结果，具体地找出问题点以后，就可着手解决问题。这些问题中，有些很容易马上拟出对策进行解决，但也有一些问题比较麻烦，非得有一定的创意不可。

创意的来源包括现场经验、技术性知识，以及其他现场的作业精华，还可以从工作以外的活动中获得启示。改善人员在进行构想时，应坚持ECRS的原则和3S原则，具体说明如表5-5和表5-6所示。

表5-5　ECRS原则说明

项目	自问	适用例
剔除（Eliminate）	把这些排除的话会怎样（指零件、作业、运输、传票等）	（1）熟人车站：车长回收及出售车票 （2）一人服务：司机兼任车长的工作车
合并（Combine）	合并在一起，配合在一起的话会怎样（指零件、加工、材料）	（1）自动脱谷：从收割、脱谷到除谷壳都一手包办 （2）拖车：连接台车工作 （3）装箱 （4）装袋 （5）搬运台
重排（Rearrange）	改变顺序或者更换的话会怎样（指改变或更换工程材质、形状、加工方法）	（1）附属零件：能更换油压铲子的戽斗，以便进行打洞等的作业 （2）拖车：空车与满载车更换 （3）工作母机：不必移动物体，利用可移动的工具加工 （4）机械中心：可一方面自动更换工具，一方面以另一台机械从事复杂的加工
简化（Simplify）	单纯化、简单化，或者减少数量的话会怎样（指零件、工程、库存形状而言）	（1）金属制品：可以省略繁杂的包装容器 （2）送货箱：使捆包与拆解简单化地搬运箱子

表5-6　3S原则说明

项目	自问	适用例
单纯化（Simplification）	（1）使构造单纯 （2）使方法简单 （3）使数（量）减少	（1）减少零件的件数 （2）使位置的决定单纯化 （3）自动化，加工方式
标准化（Standardization）	（1）将方法、手续统一化 （2）将材质、形状的范围缩小 （3）将规格、尺寸标准化	（1）规格的统一 （2）传票的统一 （3）作业标准的制定 （4）收集配送时间的定时化
专门化（Specialization）	（1）将机种、品种专业化 （2）将职类、工作专门化	（1）有盖车、无盖车、家畜车、冷冻车 （2）设备及钻模等的专业化 （3）职务的专门化（装配、搬运、检查等）

　　采纳改善方案后，还要对其进行评价，进而提出改善的构想，借此使改善方案更加完善，使之更为可行。切勿一味地指摘缺点，把已萌芽的改善方案抛弃掉。

2.4　实施改善方案

不管多好的改善方案，不付诸实施的话，就不会产生任何效果。因此，改善方案经过评价以后，就应该付诸实施。

如果是简单的改善方案，可立刻试行构想，这样不但可以确定其能否实施，还可以发现其是否有不妥之处。但是，对于钻模制作等大型设备改善的方案，制作期间又长的场合，则必须好好地从长计议。例如，日期、成本、责任等在实施以前就需计划好，然后再按规定实行。以下是在改善实施前应该留意的事项。

1．对关系人充分地说明

对于要变更已经习惯的工作，员工都或多或少地会有一些不安与焦虑的情绪。尤其在改善方案有较大变动时，员工往往都会有巨大的心理落差，以致自尊心受到伤害，产生反抗的情绪。同时，较大变动的方案也往往会使人产生这样做是否能提高效率、能否强化作业的顾虑。

在这种意识之下进行改善的话，将很难得到员工的配合。因此，在讨论阶段最好邀请关系人一起参与讨论，这样才能够获得充分的理解。

2．改订作业标准

到了改善的阶段，工作的进行方法或者检验要领往往会改变；有时，甚至安全上的留意事项、保守的检验内容等也会变更。因此，改善人员需要妥善地估计情况，以改正不合适的内容。

改善方案实施后，有可能会发生的新问题会暴露，此时要能及时采取预防措施。

3．试行

在计划阶段十全十美的构想，实施起来不见得就会令人满意。因此，改善方案需要有一段试行的时间。也就是说，通过试行来观察其效果，以便了解成效及副作用，进而除掉不妥的地方，以保证方案更加完美。

2.5　确定改善的成果

为确定实行改善后的效果，企业必须对改善措施是否获得了预期的成果、是否产生了不妥之处、作业员是否满意等进行彻底的调查。如果发现改善措施有不妥之处，那就要马上消除。假如那些不妥之处涉及了改善方案的本质问题，那就得重新回到前几个步骤，再度重新检讨。

现场管理者在确认改善成果时，必须根据图5-2所示的内容进行。

```
┌─────────────────────┐          ┌─────────────────────────────┐
│    是否达成目标       ├──────────┤  是否效率提高、成本是否降低    │
└─────────────────────┘          └─────────────────────────────┘

                                  ┌─────────────────────────────┐
                                  │     品质是否获得保证          │
                                  └─────────────────────────────┘

                                  ┌─────────────────────────────┐
                                  │  是否再也没有故障或停顿的现象   │
┌─────┐                           └─────────────────────────────┘
│ 改  │   ┌─────────────────────┐
│ 善  │   │   是否有其他的影响    ├── ┌─────────────────────────────┐
│ 成  ├───┤                     │   │    操作特性是否良好          │
│ 果  │   └─────────────────────┘   └─────────────────────────────┘
│ 的  │
│ 确  │   ┌─────────────────────┐   ┌─────────────────────────────┐
│ 认  ├───┤  改善是否获得现场员    │   │     维修是否良好            │
└─────┘   │     工的支持          │   └─────────────────────────────┘
          └─────────────────────┘
                                  ┌─────────────────────────────┐
          ┌─────────────────────┐│     安全是否确保            │
          │   改善进展是否顺利    │└─────────────────────────────┘
          └─────────────────────┘
```

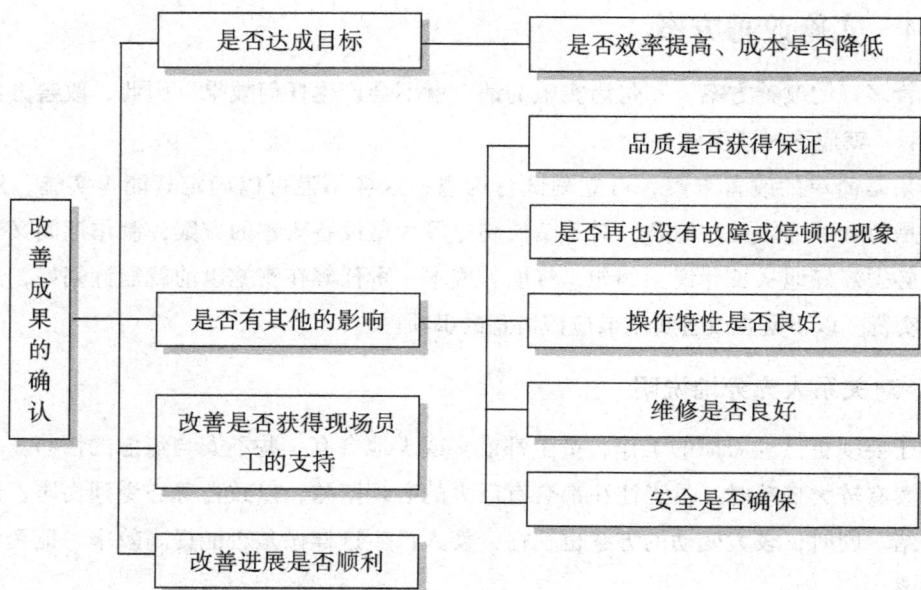

图5-2 改善成果确认的重点

2.6 改善成果标准化

成果一旦被确认，这一轮的改善活动即可结束。当然，结束并不是说停滞不前了，而是要将改善成果标准化。标准化是改善活动推行的进一步深化，应用范围比较广泛，可以应用到生产、管理、开发设计等方面。标准化的步骤如图5-3所示。

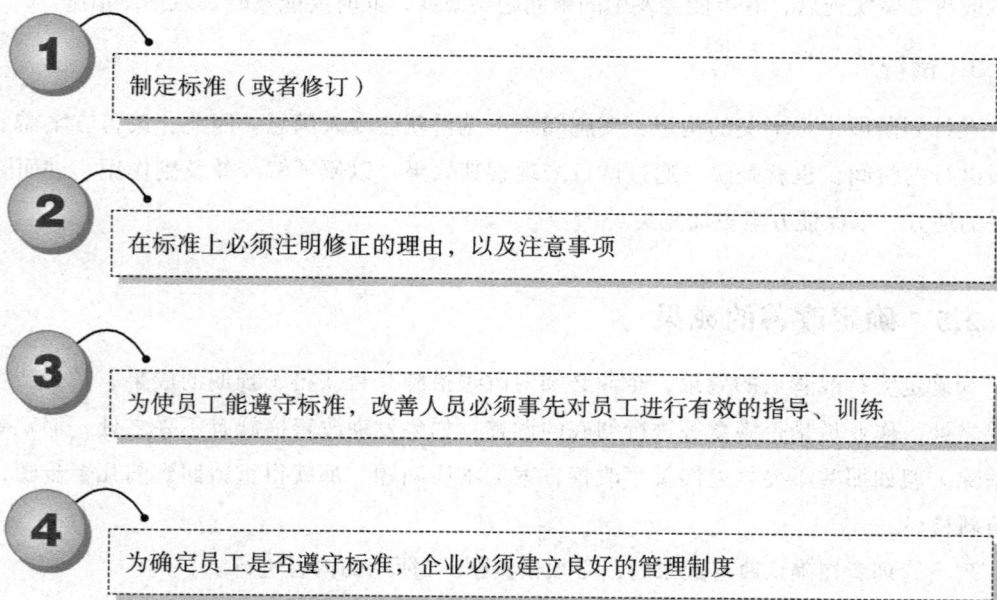

① 制定标准（或者修订）

② 在标准上必须注明修正的理由，以及注意事项

③ 为使员工能遵守标准，改善人员必须事先对员工进行有效的指导、训练

④ 为确定员工是否遵守标准，企业必须建立良好的管理制度

图5-3 改善成果标准化步骤

第3节 现场作业改善的方法

现场作业改善的方法能将一个组织的各种资源集成为系统，并对这样的系统进行规划、设计、实施和改善，使得它能高品质、高效率地运行。这也就是人们常说的IE改善的方法。IE（工业工程）七大手法是企业内部IE人员或其他人员用来进行流程或其他活动改善的基本手法（工具）。它被用来提高工作效率、降低成本、提高品质、追求系统整体化，它既是精益生产系统的基础工程技术，又是科学的、客观量化的管理技术。

3.1 5W1H法

5W1H法又称质疑创意法，即通过对问题反复地质疑，最终将问题的症结发掘出来。它是IE七大基础手法之一。5W1H法利用询问的方式来发掘改善的构想，使人学习并且熟悉系统的询问技巧，它一方面可以协助人员挖掘出问题的根源；另一方面则让人能寻找到可能改善的途径。

1. 5W1H法的含义

所谓的5W是指：

Where：何处，在什么地方，空间。

When：何时，在什么时候，时间。

What：何者，是什么东西 / 事，生产对象。

Who：何人，是什么人做，生产主体。

Why：为何，为什么如此。

因为这5个字母的开头均为"W"所以称为"5W"。

而1H是指：How——如何，用什么方法。

2. 5W1H法的用途

5W1H法可以使原本笼统而抽象的问题更加具有系统性，即循序渐进的逻辑性，进而提高个人在问题解决方面的具体能力。不过，5W1H法虽然能使问题快速而有效地被掌握，并能让人据此作为选择及决定的参考，但它没有提供解决问题的功用。因此，人们必须依照情况另外研究及讨论面对问题时所要采取的对策。根据5W1H法所找到的问题，我们可以参照如图5-4所示的四个主要方向去探讨可能改善的途径。

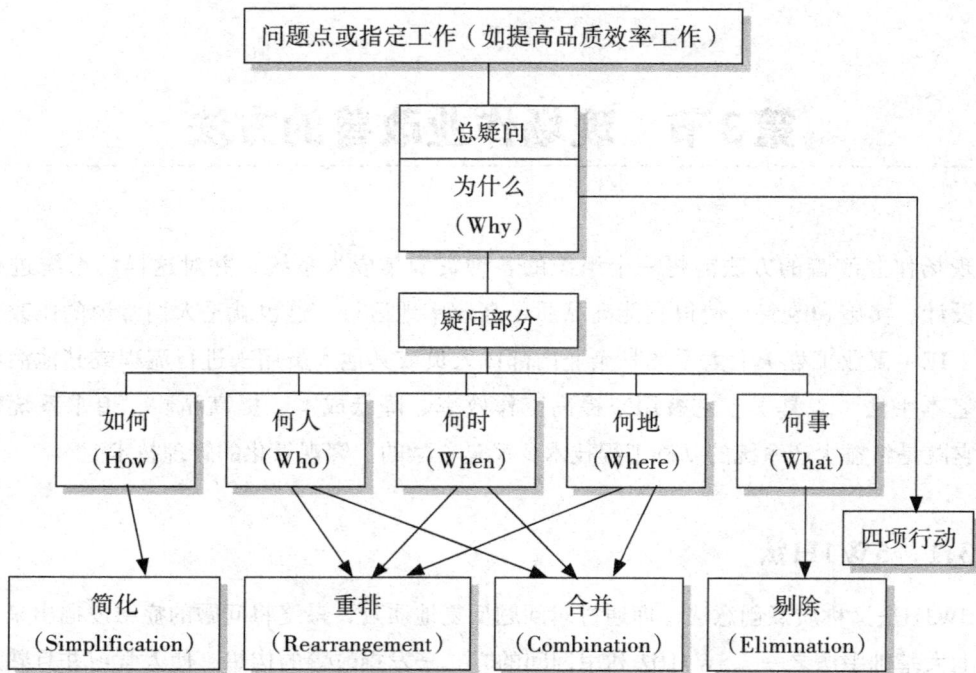

图5-4　5W1H法的流程

（1）简化。

在删除、合并及重排操作后，研究"如何做"来达到简化的目的。

（2）重排。

评估改变次序、地点及人员的可能性，这些改变可能引发出删除与合并的灵感。

（3）合并。

将两种以上的动作尝试结合在一起是为合并，两个操作合并可以省掉搬运、检验、存放等动作。如果两个操作不易合并时，应尽可能将搬运合并在操作中。

（4）剔除。

许多操作可能是不必要的，只是延续着使用而没有察觉，此时，剔除掉是最好的方向。

下面提供一份5W1H法的举例，供读者参考。

【范本5-02】5W1H法的举例

5W1H法的举例

类别	现况如何	为什么	能否改善	怎么改善
对象（What）	生产什么	为什么要生产这种产品	能不能生产别的产品	到底应该生产什么
目的（Why）	什么目的	为什么要这样做	有没有别的目的	应该是什么目的

（续表）

类别	现况如何	为什么	能否改善	怎么改善
场所（Where）	在哪儿做	为什么在那儿做	是否能做别处做	应该在什么地方做
时间顺序（When）	什么时候要做	为什么要那时候做	能不能其他时间做	应该在什么时间做
谁做（Who）	谁来做	为什么那个人做	能不能叫别人做	应该由谁来做
怎么做（How）	怎么做	为什么要这样做	有没有别的方式	决定要怎么做

3.2　动作分析法

动作分析法又称动作改善法，一般简称为"动改法"，动作分析法是按操作者实施的动作顺序观察动作，用特定的记号记录以手、眼为中心的人体各部位的动作内容，把握实际情况，并将上述记录图表化，以此为基础，判断动作的好坏，找出改善着眼点的一套分析方法。

1．动作的类别

动作就是工艺流程和作业的具体实施方法，如为寻找、握取、移动、装配必要的目的物，操作者身体各个部位的每一个活动。动作可大致分为下面四类。

（1）加工：改变目的物形状和装配目的物的动作。

（2）移动：改变目的物位置的动作。

（3）握持：保持目的物形态的动作。

（4）等待：无作业手空闲着的动作。

2．动作改善的技巧

动作改善的技巧主要有如表5-7所示的四种。

表5-7　动作改善的技巧

序号	改善技巧	具体说明
1	剔除	（1）剔除所有可能的作业、步骤或动作（包括身体、足、手臂或眼） （2）剔除动作中的不规律性，使动作成为自发性，并使各种物品置放于固定地点 （3）剔除以手作为持物工具的工作 （4）剔除不方便或不正常的动作 （5）剔除必须使用肌力才能维持的姿势 （6）剔除必须使用肌力的工作，而以动力工具取而代之 （7）剔除必须克服动量的工作 （8）剔除危险的工作 （9）剔除所有不必要的闲置时间

（续表）

序号	改善技巧	具体说明
2	合并	（1）把必须突然改变方向的小动作结合成一个连续的曲线动作 （2）合并各种工具，使其成为多用途的组合工具 （3）合并可能的作业 （4）合并可能同时进行的动作
3	重组	（1）使工作平均分配于两手，两手的同时动作最好呈对称性 （2）小组作业时，应把工作平均分配于各成员 （3）把工作安排成清晰的直线顺序
4	简化	（1）使用最低等级的肌力工作 （2）减少视觉动作并降低必须注视的次数 （3）保持在正常动作范围内工作 （4）缩短动作距离 （5）使手柄、操作杆、脚踏板、按钮均在手足可及之处 （6）在需要运用肌力时，应尽量利用工具或工作物的动量 （7）使用最简单的动作组合来完成工作 （8）减少每一动作的复杂性

3．动作分析改善的步骤

动作分析改善的步骤如图5-5所示。

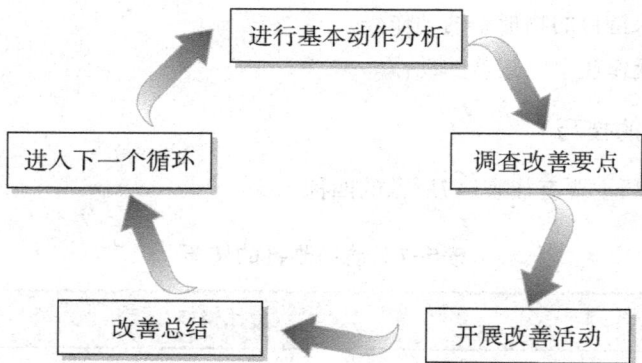

图5-5　动作分析改善的步骤

（1）进行基本动作分析

将作业的动作按单手顺序（左手或者右手）记录下来。在这个过程中，必须先分别对左、右手的动作顺序进行记录，然后再对左右手的组合动作进行记录。接着准备基本动作分析专用表（如下表所示），并填写好必要的事项。

【范本5-03】基本动作分析专用表

基本动作分析专用表

调查日期：_____年____月____日

工序（企业）名			
产品名称			
作业名称			
分析者姓名			
部门			

序号	要素作业	左手动作	基本动作记号			右手动作	备注（辅助说明改善的目标）
			左手	眼	右手		

汇总表	动作属性		第一类								第二类				第三类			合计
	基本动作记号								小计				小计				小计	
	左手	⌣	⌒	℈	⊬	∪	#	◠	◊		◔	◍	→	℥	8	⌂	∧	℮ ⌐	
	右手																		
	眼																		

在基本动作分析专用表中，要记录作为分析对象的作业部门、作业名称、调查日期、分析者的姓名、作业配置图等内容。

将众多的小动作归纳成几个大的种类，这样就一目了然。由几个细小的动作归纳成的动作，一般称为"动作要素"。另外，为了了解动作的数量，可附上序号。将动作记号添加到表中，基本动作分析就完成了。

下面提供一份某企业组装螺栓和螺母作业的基本动作分析的范本，供读者参考。

【范本5-04】组装螺栓和螺母作业的基本动作分析

组装螺栓和螺母作业的基本动作分析

序号	动作要素	左手动作	基本动作记号			右手动作
			左手	眼	右手	
1	准备螺栓	向螺栓伸手	⌣	◔→	℮	待工
2		抓住螺栓	⌒		℮	待工

（续表）

序号	动作要素	左手动作	基本动作记号 左手	基本动作记号 眼	基本动作记号 右手	右手动作
3		调整螺栓角度移动到前面	↻+ꝯ		ꝯ	待工
4	准备螺母	一直拿着螺栓	∩	↻↻	∪	向螺母伸手
5		一直拿着螺栓	∩		∩	抓住螺母
6		一直拿着螺栓	∩	↻+ꝯ		调整螺母角度并移到前面
7	组装螺栓和螺母	组装螺栓和螺母	⊹	⊹		组装螺栓和螺母

（2）调查改善要点。

动作图制作完成后，接下来就要根据分析的结果找出问题，即发现动作中存在的不经济、不均衡和不合理现象。

要尽量排除第三类动作，尽可能地排除第二类动作，至于第一类动作，如果能够取消当然最好，如果该动作是必需的，有时也可通过改变对象的放置位置，达到缩短时间的目的。

（3）开展改善活动。

利用基本动作分析法进行改善的顺序如表5-8所示。

表5-8　利用基本动作分析法进行改善的顺序

序号	步骤		操作说明
1	问题的发生或发现		（1）现场管理者平时要多分析已经取得成绩的数据，用怀疑的眼光去观察作业现场，以发现什么地方存在问题。现场管理者可应用"PQCDSM表"对以下各项进行调查 ①生产量是否正常（P） ②产品品质是否存在问题（Q） ③原材料价格是否上涨（C） ④产品能否赶上交货期（D） ⑤安全生产是否存在问题（S） ⑥作业人员的士气如何（M） （2）整理以上调查发现的问题进行
2	分析现状	现状分析的准备工作	（1）确定现状分析的手法（例如，如果问题对象是手工作业，采用基本动作分析法更为有效） （2）准备好动作分析表等必要的工具

序号	步骤		操作说明
2	分析现状	现状分析的准备工作	（3）在表中记录好部门名称、作业名称、调查日期、分析者姓名、作业分布图等事项
		现状分析的进行步骤	（1）对作业进行反复观察，其他什么也不要做 （2）对作业大致是由哪些动作所组成的有了了解之后，开始对动作进行记录（例如向××伸手等） （3）一个作业周期的动作记录完成之后，再填到准备好的动作分析表上，并标上基本动作的记号 （4）向现场的专业人士请教，或查阅有关资料
3	整理分析结果，并绘制统计表		（1）分析结果按照基本动作记号类别和左右手进行区分统计 （2）按照属性类别加以区分统计（第一类至第三类） （3）发现问题的重点
4	发现重点问题		把目标放在第二类动作和第三类动作中的不经济动作上，确认左右手的动作是否失调（是否存在不均衡和不合理现象），并且一定要按照以下几点进行调查： （1）对不经济、不均衡和不合理现象的调查 （2）用"5W1H"提出问题，特别是要用"Why"（为什么要做这一作业）的问题意识去调查 （3）应用"PQCDSM表"进行调查
5	制定改善方案		（1）彻底否定动作或作业的现状，并寻找取消这些动作或作业的方法： 　①全面否定从现状分析结果得知的有问题的动作或作业（为什么要进行这一作业？不可以取消吗），即使是第一类动作，也要研究取消它们的方法 　②讨论是否可以取消这些动作或作业 （2）取消动作或作业的讨论完成之后，就要对存在问题的作业按以下顺序进行研究： 　①是否可以简化 　②是否可以将几个作业组合起来 　③是否可以交换作业顺序 （3）反复进行前两个步骤，提出解决问题的最好方法，并制定改善方案 　①改善方案分为：立即可以实施的方案、需要一定的准备的方案、需要大量准备的方案 　②绘制各个改善方案与改善前的基本动作分析统计表，以确定改善效果 　　在制定改善方案时，要把舒适、安全、优质、高效生产产品作为目的，并进行调查，调查的方法有："5W1H"、改善的目标（基本动作记号和调查要点）、动作经济原则

（续表）

序号	步骤	操作说明
6	实施改善方案	（1）选择最适合现阶段的改善方案，并进行研究、试行 （2）如果确定该改善方案可行，要向有关人员进行说明 （3）所有的准备工作都做好之后实施改善方案

（4）总结。

及时对改善方案进行总结。

（5）进入下一循环。

当发现或发生新问题时，改善又重新回到第一个步骤，开始又一轮循环。

3.3　工程分析法

工程分析法又称为流程分析法。它是一种通过对各阶段进行观察，把一连串的工程按照顺序调查、分析，用一定的记号整理为图表，以便调查工程中的浪费、不均及勉强，在导出改善的重点后，拟成改善方案的分析手法。下面以产品工程为例，其分析步骤如下。

1. 展开预备调查

当问题明确，调查对象已经决定时，要先展开预备调查，必须得知以下项目。

（1）制品的生产量。

（2）制品的内容，品质的标准。

（3）检查的标准（中间检查、出货检查的做法）。

（4）设备的配置（摆设）。

（5）工程的流动（分歧、合流的状况）。

（6）原料（原料类型）。

2. 制作"流动工程图"

随着制品的流动，员工在制作"流动工程图"时，必须考虑作业的目的，将制品分为加工、搬运、检查及停滞类型。若为停滞类型，则要考虑其是计划性事件还是偶发事件；之后，再将其区分为储藏及滞留。检查也可分为数量检查和品质检查。

3. 测定必须项目

流动工程图制成后，将测定的各工程的必要项目记入。项目测定工作需直接到现场进行，如此，测得的数据才更具准确性。

4. 整理分析的结果

将记入工程图的各种测定结果整理成一张表。表中可以明确体现加工给制品增加的所有价值，以及各种问题。例如，耗时过长，需缩短时间；人员过多，必需消减工数。

【范本5-05】整理表

整理表

	工程数	时间（分）	距离（m）	人员（人）
加工（○）	2	75	—	2
搬运（⇨）	5	22	85	10
检查（□）	3	25	—	6
停滞（▽）	3	（130）	—	3
合计	13	135	85	21

5. 制定改善方案

改善人员可依据制品工程分析表中的调查项目、平面流向图及整理表找出问题点，再由此引出新的改善构想，进而完善改善方案。

6. 实施与评价改善方案

改善方案确定后，就应试着实施。但在实施时，考虑到新的作业方法可能会让员工不适应，因此，现场管理者必须施以员工充分的训练，让他们熟悉作业后，再开始测定及评价。改善方案在实施过程中，现场管理者必须积极地予以修正，直到作业畅通无阻为止。

7. 使改善方案标准化

改善方案达到预期目的后，应将其予以标准化，以防现场活动再恢复到以前的状况。

3.4 时间分析法

1. 时间分析的基本程序

时间分析法通过针对时间及产出做定量的分析，找出时间利用不合理的地方，从而对其进行改善。时间分析法是IE方法中的一种基本方法。时间分析的基本程序如图5-6所示。

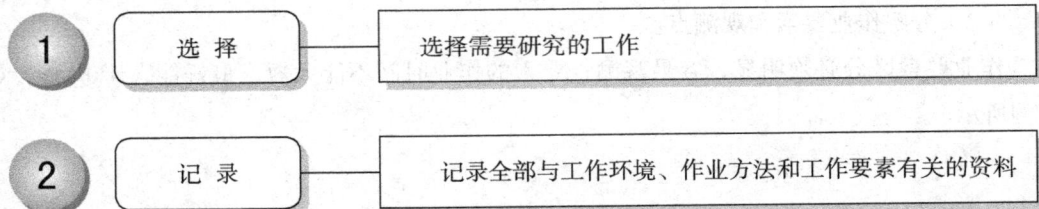

1 选 择 —— 选择需要研究的工作

2 记 录 —— 记录全部与工作环境、作业方法和工作要素有关的资料

3 考 查 —— 考查全部记录材料和细目，以保证使用最有效的方法和动作，将非生产的和不适当的工作要素与生产要素区别开来

4 测 定 —— 选用适当的时间研究方法，测定各项作业的时间

5 实 施 —— 拟订相应的文件，包括该作业的要素、操作方法和标准时间，并正式公布执行

6 修 订 —— 当生产环境和条件发生较大的变更而原订标准事件不再反映当前生产过程时，须修改作业的要素、操作方法和标准时间

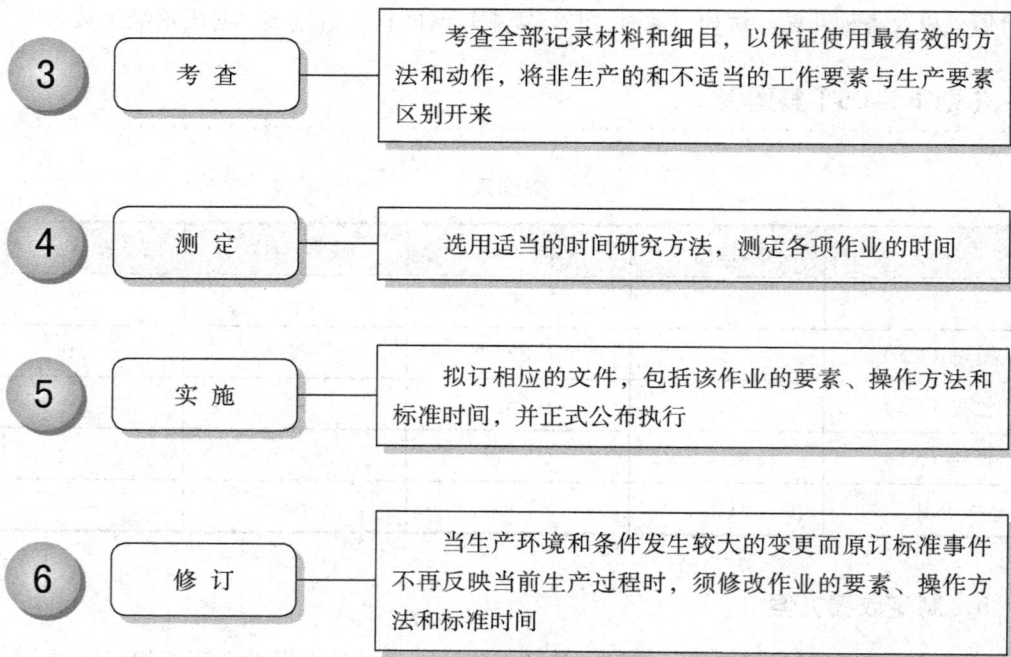

图5-6　时间分析的基本程序

要点提示

企业在公布标准时间时，必须采用以上所列的全部步骤。当时间研究只用来调查无效时间或比较不同工作方法的效果时，只采用前四项步骤即可。

2. 马表法（秒表法）的步骤

秒表法就是一种使用秒表直接进行作业时间观测的方法。这是一种简单易用的观测方法，其主要步骤如下。

（1）观测用具准备：秒表、观测板、观测记录簿、笔记本、计算器等。

（2）分解作业要素和观测点。

作业要素区分必须明显，容易观测；要素的作业时间不能太短，最好能大于0.3秒，如下例所示。

【范本5-06】作业要素和观测点的分解

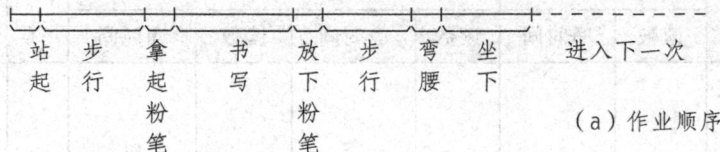

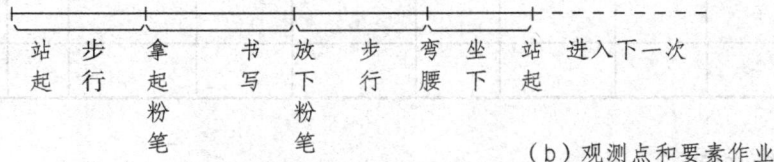

（a）作业顺序

（b）观测点和要素作业

在黑板上书写作业

在黑板上写字的作业的要素作业和观测点

要素作业	观测点
（1）走去	拿粉笔的瞬间
（2）书写	放粉笔的瞬间
（3）走回	弯腰的瞬间
（4）坐下	站起的瞬间

（3）观测及记录。

事先在记录簿上记下要观测的作业要素及其他必要事项；采取适当的方位、方式及态度进行观测；要多次观测，减少偶然因素影响；观测时，如有发现异常事项，应一并记录；算出实际时间。作业分析观测记录表如下例所示。

【范本5-07】作业分析观测记录表

作业分析观测记录表

被观测的动作		在黑板上写"时间分析"		观测时间		月　日　时　分至时　分				
生产现场		制造做第一试验室		作业人员： 观测人员：						
序号	周期 作业要素	1		2		3		合计	平均	状况
		读数	净时间	读数	净时间	读数	净时间			
1	走近黑板									

（续表）

序号	周期 / 作业要素	1		2		3		合计	平均	状况
		读数	净时间	读数	净时间	读数	净时间			
2	写上"时间分析"									
3	返回椅子									
4	坐下									

（4）分析改善。

（5）提出改善的方案。

3.5　工作抽样法

工作抽样法又称"瞬时观察法"，是指利用统计学中随机抽样的原理，按照等机率性和随机性的独立原则，对现场操作者或机器设备进行瞬间观测和记录，调查各种作业事项的发生次数和发生率，以必需而最小的观测样本，来推定观测对象总体状况的一种现场观测的分析方法。工作抽样法的步骤如下。

1．明确分析目的

根据分析的目的，决定观测的准确度、观测次数、观测时间。实施抽样法的主要目的如图5-7所示。

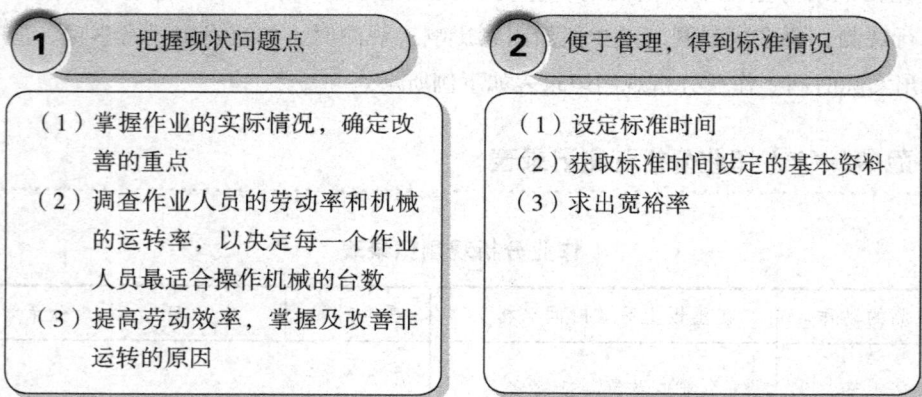

①　把握现状问题点

（1）掌握作业的实际情况，确定改善的重点

（2）调查作业人员的劳动率和机械的运转率，以决定每一个作业人员最适合操作机械的台数

（3）提高劳动效率，掌握及改善非运转的原因

②　便于管理，得到标准情况

（1）设定标准时间

（2）获取标准时间设定的基本资料

（3）求出宽裕率

图5-7　工作抽样法的目的

2．确定观察及其范围

采取工作抽样法，既可将作业人员、机械设备作为观察对象，也可以一次性观测多个

作业人员和多套机械设备。因此,使用工作抽样法时,应首先考虑调查目的、调查时间和劳力,以决定观测人数、机械设备的台数及在什么范围内进行调查。

3.确定观测项目

一般来说,观测项目大致可分为作业、宽裕和非作业。在观测中,观测人员要确定具体的观测项目,比如调查目的是为掌握和改善宽裕率及机械设备的停止率的情况,则须将内容进行详细的分类。

4.确定观测次数

在一定范围内,观测数越多,则精确度越高,越有助于观测人员做出正确判断。但是,若观测数太多,会花费很多的时间,因此观测人员须根据运转率、精确度、可信度的计算式求得正确的观测数。

5.求出观测次数

一般来说,观测数和观测回数是不同的概念。但是,在以一个人或一台机械为观测对象的情况下,所得出的观测数即观测次数。

下面范本为某企业的铲车的运转率调查结果。

【范本5-08】 工作抽样法观测结果

工作抽样法观测结果

表格题目		铲车运转率的调查	2月25日8:00~17:06			
工场		第一产品仓库	调查对象:铲车5台			
			观测者:卢××			
观测次数	观测时间 / 车辆编号	S-101号车	S-103号车	S-105号车	合计	状况
1	8:05	√	√		2	未出库
2	8:39	√	√		2	
3	9:13	√	√		2	未出库
4	9:47	√	√	√	3	
5	10:21	√	√		2	未出库
6	10:55	√	√		2	

（续表）

观测次数	观测时间 / 车辆编号	S-101号车	S-103号车	S-105号车	合计	状况
7	11:29				0	未进出库
8	13:03	√			1	未入库
9	13:36	√	√		2	未出库
10	14:10	√	√	√	3	
11	14:44	√			1	未出库
12	15:14				0	未进出库
13	15:48	√			2	103号车修检
14	16:22	√			1	未出库
15	16:56	√			1	105号车修检
	合计	13	9	2	24	
（记事）						

在此例中，3台铲车在第一产品仓库内进行出库作业，即3台机械在同一条件、同一设备下作业，所以做一次观测能得出3个数据。那么，根据上表可知，如观测数为600的话，观测回数为600÷3=200（次）。

在此，对象的数量是作为观测对象的机械的台数或作业人数。

6．确定观测期间

考虑到调查目的和观察对象的工作状态，因而确定观测期间显得十分重要。一天做200次的观测，即使再准确也不能以此来推断其一周、一个月的工作状态，因为工作效率会随着时间的不同而发生变化，具有一定的周期性；还有因生产计划和条件的不同而发生很大的变化。一般来说，一天的观测次数在20～40次较为合适。

7．求出一天的观测次数

一天的观测次数，为观测次数除以观测天数，比如，观测次数为200次，观测期间（天数）为10天，200÷10=20，一天的观测次数为20次。

一天的观测次数＝观测次数÷观测期间

8．决定观测时刻

观测时刻应预先随机抽取作业开始后的前30分钟及作业结束前的30分钟，其他时间段容易加入过多的观测者的主观意识，这样会产生片面性。

9．决定观测路径

随机决定每次观测的巡回路径很重要。预先确定几条路径，每次再临时决定从什么地方出发，以哪条路径进行观察。

10．做好观测准备

准备好观测表、钟表、笔等工具。观测数较多的话可由两个人来负责，分别观测不同的观测对象。为避免两人之间出现差错，事先应做好调整。

根据调查目的、调查内容，应制作易于使用的观测表。观测表中应记录好必要事项。一般来说，必要项目有作业名称、作业人员、机械设备、分析者、调查日期、观测时刻、观测项目等；把观测项目分类为作业、宽裕和非作业等。

11．实施观测

在已决定的时刻，按照已决定的路线对观测对象进行瞬间的观察，确认其作业内容，在观测表的相应栏目中记录"√"号或者"○"号。下表是用工作抽样法对在厚纸板钻孔的作业进行观测所得出的结果。一天观察25次，共观察4天。观测项目有3项：加工作业、附带作业和非作业。每一个观测项目都把其内容细分好，记录在观测表的下方，如表5-9所示。

表5-9　工作抽样法观测结果（对厚纸板的作业分析）

机械	厚纸板		作业工程		钻孔		观测者：卢××		备注
日／月	1／8		2／8		3／8		4／8		
次数	时刻	观测	时刻	观测	时刻	观测	时刻	观测	
1	8:10	×	8:15	√	8:15	×	8:20	○	
2	8:26	○	8:31	√	8:31	×	8:36	○	
3	8:42	√	8:47	○	8:47	○	8:52	√	
4	8:58	○	9:03	○	9:03	○	9:08	○	
5	9:14	○	9:19	○	9:19	√	9:24	○	
6	9:30	√	9:35	√	9:35	√	9:40	×	
7	9:46	×	9:51	○	9:51	○	9:56	√	
8	10:02	×	10:07	○	10:07	○	10:12	○	
9	10:18	○	10:23	√	10:23	√	10:28	○	
10	10:34	√	10:39	√	10:39	○	10:44	○	

（续表）

No.	时刻	观测	时刻	观测	时刻	观测	时刻	观测	
11	10:50	√	10:55	○	10:55	○	11:00	√	
12	11:06	○	11:11	○	11:11	×	11:16	○	
13	11:22	○	11:17	√	11:17	○	11:32	×	
14	11:38	√	11:33	○	11:33	○	11:48	○	
15	11:54	○	11:49	○	11:49	○	13:04	○	
16	13:10	○	13:05	○	13:05	√	13:20	○	
17	13:26	○	13:21	○	13:21	√	13:36	○	
18	13:42	√	13:37	×	13:37	√	13:52	×	
19	13:58	√	13:53	○	13:57	○	14:08	○	
20	14:14	×	14:09	○	14:09	√	14:24	√	
21	14:30	○	14:25	○	14:25	○	14:40	○	
22	14:46	○	14:41	○	14:41	○	14:56	○	
23	15:02	√	14:57	√	14:57	○	15:12	○	
24	15:18	○	15:13	○	15:13	○	15:28	√	
25	15:34	×	15:29	×	15:29	×	15:44	○	区分
合计	○	12		17		15		17	○
合计	√	8		6		6		5	√
合计	×	5		2		4		3	×

○：加工作业—确定位置，切割（在生产第一线，正在作业）。

√：附带作业—组装，调整状态（在生产第一线，但在做加工以外的事）。

×：非作业—等待，搬运，休息，上厕所（离开生产第一线）。

12. 整理观测结果

整理观测结果这项工作要求企业每天都要统计数据。统计的方法如表5-10所示，它是对某电器产品进行组装一天观察的结果。观测项目有主作业、准备作业、宽裕和非作业，对每一项都进行了划分，有8名作业者，观测时的记号都为"/"。从表5-10可知，在8:34时的观测是：在主作业中，正在插入零件的有2人，焊接的有2人，组装零件的有1人，处理产品零件的有1人；在准备作业中，其他作业的有1人；在宽裕项目中，等待的有1人。

表5-10 工作抽样法的观测表（一日）

工程名	组装工程					姓 名		承认		印章		制作	
作业名						王××						李××	
作业者	8名					部门		××部					
设备						制造车间		组					

区分		主作业						准备作业				宽裕							非作业			合计
时刻	项目	插入产品	焊接	拧紧螺钉	组装零件	处理零件	其他	材料准备	零件运输	整理零件	其他	修正	工具准备	搬运	商量	等待	上厕所	其他	聊天	休息	其他	
1	8:23	/		/		//		/		/				/		/						8
2	8:30	//	/											/								8
3	8:34	//	//		/						/					/						8
4	8:37	/			/	///							/	/								8
5	8:58	///		/		//											/					8
6	9:27	//	/	/	/															//		8
7	9:36	/	/	/	//	//						/										8
8	10:35	//	/		///				/													8
9	11:16		/	/	//	//				/								/				8
10	11:20	/	/		///				/					/						/		8
11	11:35	//	/		//	//										/						8
12	13:15	//	/		/	/		/						/							/	8
13	13:29	//	/		/	/												/				8
14	13:41	/			//										/		/			/		8
15	13:55	///		/	/	///																8
16	14:32	/	//																			8
17	15:05	//	/			//			/					/	/							8
18	15:45	//			/										/							8
19	16:02	/	/		/	///														/		8
20	16:34	//	/		//				//			/										8

（续表）

区　分	主作业						准备作业				宽　裕							非作业			合计
项目 时刻	插入产品	焊接	拧紧螺丝	组装零件	处理零件	其他	材料准备	零件运输	整理零件	其他	修正	工具准备	搬运	商量	等待	上厕所	其他	聊天	休息	其他	
每项百分比（%）	20.6	10.6	5.6	10.6	28.0	1.3	1.9	2.5	2.5	1.3	2.5	1.3	1.9	1.3	2.5	0.6	1.3	1.3	1.9	0.6	100
各区分	122						13				19							6			160
各区分百分比（%）	76.7						8.1				11.4							3.8			100

13．讨论结果

整理好了观测结果，就要对结果进行讨论，讨论的内容如下。

（1）工作状况、非工作状况，及每一个作业内容的比率。

（2）工作效率转移、变动的状况。

（3）讨论人或机械设备间工作率的差别。

（4）讨论作业负荷的合理化。

（5）讨论间接业务的标准化。

（6）讨论其他特定项目的主要原因。

3.6　人机配合分析法

人机配合分析法，即指通过图表形式分析人与机器、人与人之间的组合作业时间流程样式，找出作业中的人或机器存在的"玩"或"待工"等现象，从而改善工作的手法。人机配合分析的步骤如下。

（1）确定调查对象及目标。

（2）对一个周期作业进行分析。

（3）找出时间达到一致的地方。

（4）测算各步骤的时间。

（5）制作人机分析图。

（6）整理分析结果。

（7）制作改善方案。

3.7 双手操作法

双手操作法简称为"双手法"，它研究的是人体双手在工作时的过程，借以发掘出可改善的地方。双手法以图表的方式，来记录操作者双手（足）的动作过程，借此记录来做进一步的分析及改善。

1. 双手操作程序图的画法

在双手操作法分析过程中，分析人员往往要用到"双手操作程序图"。双手操作程序图以双手为对象，使用符号（见表5-11所示）记录其动作，表示其关系。双手操作法为操作者提供了一种新的动作观念，能指导他们更有效地运用双手，从事生产性的工作。

表5-11　双手操作分析使用的符号

符号	名称	详细内容
○	作业	双手施予制品以某种变化的过程，即握取、放置、使用、放手的动作
⇨	移动	为移动物品，或者为摸到某物，手从一处移动至另一处，即手移动的动作
D	等待	手没有任何作业的状态，即手的延迟、停顿、待着不动 手抓住些什么，但对直接作业没有任何作用的动作也属于等待
▽	持住	为使物品不致折断、松动，用手抓或摁住其某一位置，保持某一姿势的状态，包括手持住工具或材料的状态

注：一般不使用"□"（检查）符号。

2. 双手操作程序图的分析、改善要点

双手操作程序图主要采用"5W1H"提问技术及剔除、合并、重排、简化建立新方法的四大原则进行分析。分析、改善操作的要点如下所示。

（1）尽量减少操作中的动作。

（2）排列成最佳顺序。

（3）合适时合并动作。

（4）尽可能简化各动作。

（5）平衡双手的动作。

（6）避免用手持物。

（7）工作设备应符合工作者的身材。

下面提供一份某企业装配缆夹双手操作程序图，供读者参考。

【范本5-09】双手操作程序图

工作名称：装配缆夹

工作名称：装配缆夹
开始：装配件放置在工作台上，操作者空手
　　　坐于工作台前
结束：装配一只，放入成品箱内

平面布置图

1　　2　　3
螺钉　螺母　夹座

操作者　　　　　成品箱

左手　　　　　右手

左手		右手
至U形螺钉箱	1	1 至夹座箱
取一U形螺钉	①	① 取一夹座
持一U形螺钉回原位	2	2 持一夹座回原位
持住U形螺钉	②	② 对准并套入U形螺钉
		3 至螺母箱
		③ 取一螺母
		4 持一螺母回原位
		④ 对准并套入U形螺钉
		5 至螺母箱
		⑤ 取一螺母
		6 持一螺母回原位
		⑥ 对准并套入U形螺钉
放手交给右手	③	⑦ 持住完成件
至U形螺钉箱	3	7 至成品箱
		⑧ 放入成品箱

统计
左　右
3　8
3　7
6　15

双手操作程序图

学习笔记

通过学习本章内容，想必您已经有了不少学习心得，请仔细记录下来，以便巩固学习成果。如果您在学习中遇到了一些难点，也请如实写下来，以备今后重复学习，彻底解决这些学习难点。

同时本章列举了大量的实用范本，与具体的理论内容互为参照和补充，方便您边学边用，请如实填写您的运用计划，以使工作与学习相结合。

我的学习心得：

1. _____
2. _____
3. _____

我的学习难点：

1. _____
2. _____
3. _____

我的运用计划：

1. _____
2. _____
3. _____

第 6 章

现场品质管理

在生产过程中，企业只有建立完善的生产品质管理体系，才能够确保产品的品质，减少不良品的浪费。在现场品质精益改善管理过程中，现场管理者必须努力提高员工的品质意识。员工若能从心底里具有品质意识，那么他一定会认真遵守种种重要的作业规范、程序，而且也能够一直保持良好的品质意识。因此，企业只有实施现场全员品管才能取得较好的效果。

第1节　现场品质管理流程

　　广东某排气扇制造企业，对于产品的品质管理没有系统的流程，产品品质一直由生产主管或班组长说了算。只要班组制作完成，生产主管或班组长经过简单检查后，公司就可以安排出货。而公司工程部在客户那里安装的过程中，经常由于尺寸不合适、结构错误或主件与配件不匹配等原因，导致不能顺利安装。据统计，有将近76%的成品需在客户处重新返工，客服每个月都会接到几起客户的投诉电话。公司管理层知道这个情况后，决定在全厂实施现场品质改善管理，进行现场品质精益改善。

　　后来经过3个月运作，企业生产品质管理已明显得到改善。车间制作人员品质意识得到了明显提高，当每一生产工序完成时，车间班组长都养成了主动报检的习惯。工程安装直通率达到90%以上，返工现象大为改善。制作过程所产生的尺寸不合适、结构错误及不匹配现象等在客户处已得到杜绝，客户投诉明显减少。企业要实施现场品质精益化改善管理，可以按如图6-1所示流程进行。

```
┌─────────────────────┐        ┌─────────────────────┐
│    开展品质培训      │───────▶│   严格按工艺纪律作业  │
└─────────────────────┘        └─────────────────────┘
                                          │
                                          ▼
┌─────────────────────┐        ┌─────────────────────┐
│  积极推行"三检制"    │◀───────│  严格执行"三不原则"  │
└─────────────────────┘        └─────────────────────┘
          │
          ▼
┌─────────────────────┐        ┌─────────────────────┐
│    适时巡查现场      │───────▶│   把握好现场变化点    │
└─────────────────────┘        └─────────────────────┘
                                          │
                                          ▼
┌─────────────────────┐        ┌─────────────────────┐
│   品质与绩效挂钩     │◀───────│  生产现场不良品控制  │
└─────────────────────┘        └─────────────────────┘
```

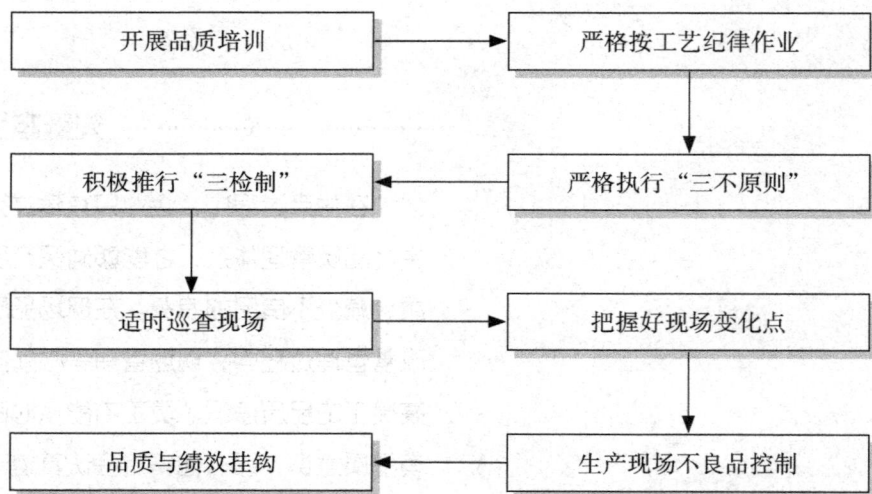

图6-1　现场品质管理流程

产品现场品质的管理过程可以分为三个阶段。即"事前"的产品品质控制阶段、"事中"的过程控制阶段和"事后"的品质把关与处理阶段。

1.1　事前控制

事前的品质控制阶段包含了"外部"的品质控制和"内部"的品质控制两项。事前控制的关键则是对"外部"供应商的管理和"内部"原材料进货的检验。

1.外部品质控制

在对供应商进行管理时，首先又需进行"供应商等级评估"。目的是通过评估来确定"最优"的或者说是"最合适"的供应商予以供货，进而确保原材料的供货品质。同时，企业通过有效的"供应商等级评估"可以建立相应的供应商"信息数据库"，能为后续的供应商管理奠定基础。在对供应商进行评估时，企业主要可以从五个方面进行，即被评估供应商的经营管理、研发管理、生产管理、品质管理和物流管理的运行情况。

（1）在经营管理过程中需要考察的包括企业的战略管理、企业文化、员工福利等。

（2）在研发管理中主要考察的是企业的研发设计能力。

（3）在生产管理当中主要考察企业的生产设备、生产计划、生产环境、生产标志（包括产品标志及区域规划）等情况。

（4）在品质管理方面主要考察企业的管理体系认证、产品认证、组织机构、资源支持、过程品质控制、统计分析、服务品质等情况。

（5）在物流管理方面主要考察企业的采购管理、仓库管理和物流运输能力等情况。

企业通过对以上各方面的有效考察、评估，可以有效控制供应商供货产品的品质及稳定性。

2．内部品质控制

事前控制的重点须放在产品开发和标准制定上。技术和标准一旦出现失误就会给品质管理带来很大麻烦，因此，企业应当从根本上尽力减少品质事故，降低品质管理难度。

在品质管理的过程中，事后的检验把关是"基础"，事中的过程控制是"关键"，事前的预防控制是"必然"。品质管理的重心就是如何通过事前的有效控制达到对结果的控制。

3．品质培训的对象

品质培训的对象如图6-2所示。

图6-2　品质培训的对象

（1）针对现场管理者的培训。

在培训过程中，现场管理者必须将品质管理所使用的统计方法的用法及概念当作常识来学习。国外很多企业在录用新人时，都会先对其施行数月甚至一年的特别教育培训，而其中的大部分时间都会被用于灌输他们有关统计方面的知识。

（2）针对班组长的品质培训。

现场的组长、班长等工作责任人员，要尽可能就有关品管的概念与七大QC手法、管制图的概念及使用方法的概要程序或利用5W1H的方式等，对所有的作业人员进行讲习、教育。具体来说，工作责任人员在培训中需注意的事项有：相关作业标准、作业指示书，相关管制图，相关品质与作业改善者等。

（3）针对作业人员的品质培训。

针对作业人员的品质培训内容如图6-3所示。

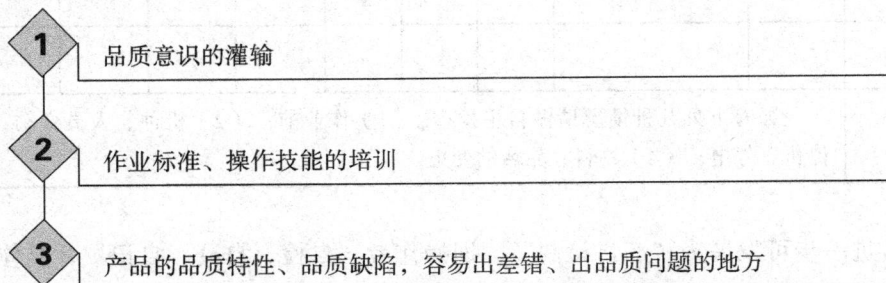

图6-3　作业人员品质培训内容

1.2 事中控制

事中控制主要指从原料进厂到产品完工期间，按照工艺标准进行品质监督的过程，也是品质管理的核心工作。事中控制要求严格检查、及时反馈、及时整改。事中控制的重点是确保每个产品合格，并把不合格产品及时反馈给制造部门，让其返工。

1．积极推行"三检制"

"三检制"即专职检验员工在每班（次）正式加工开始时首检，在加工过程中进行中间检验或巡回检验，在加工结束时进行完工检验或末件检验，并根据检验结果调整工序。在专职"三检制"的基础上，增加操作者自检，班组长、班组品质员对本组各工序的互检和下道工序对上道工序的互检。表6-1是某企业就其带装作业而设计的自主检查表，供读者参考。

表6-1　带装自主检查表

机台编号：　　　　　　　　　　　　　　　　　　　　　　　　　　　　　　　　　年　　月

项目　日期	拉力检测	烙铁温度（170±20）℃	包装轴、包装格是否有				字体是否向上	预留带长度	责任者	确认者
			变形	孔塞	缺料	异物附着				
1										
2										
3										
4										
备注	如有下列几种情况请做自主检查：（1）作业前；（2）机种、人员变动；（3）停机、停电；（4）物料、品名的变更									

自检进一步可发展为"三自检制"，即操作者"自检、自分、自记"，具体内容如表6-2所示。

表6-2　三自检制

项目	责任者	职能	管理内容	确认者	评议
操作者	自检	首件自检（换刀、设备修理）		检查员	检查员
		中间自检（按频次规定执行）		班长	班长
		定量自检（班组实测）		检查员	品质员
	自分	不良品自分、自隔离、待处理		班长	车间主管
	自记	填写三检卡		品质员	
		检查各票证、签字		检查员	品质科主管

2. 适时巡查现场

现场主管要按一定的时间间隔对制造工序进行巡回品质检查。在现场巡查过程中，现场主管不仅要抽检产品，还须检查影响产品品质的生产因素（4M1E即人员、机器、材料、方法、环境）。巡检以抽查产品为主，而对生产线的巡检以检查影响产品品质的生产因素为主。

要点提示

现场巡查要求：

（1）按照企业规定的检验频次和数量进行，并做好记录；

（2）把检验结果标示在工序控制图上。

3. 把握好现场变化点

变化点管理是现场管理中的重要内容，其目的是预见性地发现问题，在事故、故障和损失出现之前即采取主动性的改善行动。

在生产加工中，按照同一工序、由同一操作者、使用同一种材料、操作同一设备、按照同一标准与工艺方法、加工出来的同一种零件，其品质特性值不一定完全一样。这就是产品品质的波动现象，而引起这种品质波动现象的主要因素是人员（Man）、机器（Machine）、材料（Material）、方法（Method）和环境（Environment），这些因素被简称为4M1E。

现场主管将变更的内容填入"变更申请书"，在车间主任签字后，将其送到品管部，最后由品管部经理确定品质方面需确认的内容。变更发生车间及相关部门收到品管部发送的"变更申请书"后，应按其要求实施变更。

【范本6-01】变更申请书

变更申请书

编号：　　　　　　制作：　　　　　　　　确认：

发生班组填写	变更类别：		发生区域：		数量：	
	组件名：		组件编码：		变更时间：	
	变更理由：					
	变更事项：					
	序号	工位	变更内容（含规格值）			备注

制成：　　　　　　　　　　　　　　确认：

品管部填写	序号	实施区	项目内容（含规格值）	测量（手法）	确认数量

4. 生产现场不良品控制

不良品是指在一个产品单位上含有一个或一个以上的缺点。进行不良品控制，首先要明确相关责任人的职责；其次，要分析不良品产生的原因；最后，要明确上下工序在退回不合格品上的责任，及不良品产生后的标志与处理。

现场制程品质不良的问题可以按表6-3所示内容进行处理。

表6-3　现场制程品质不良分析与对策

序号	问题点	原因分析	对策建议
1	不会	（1）新进员工 （2）能力不足，不适任 （3）教导不良	（1）制定明确的作业标准 （2）派工适任 （3）做好员工工作教导
2	不能	（1）缺乏必要的工具 （2）用错工具 （3）误解标准 （4）缺乏防呆设计 （5）纯粹疏忽	（1）流程制度化 （2）工作标准化 （3）作业简单化 （4）工作防呆法
3	不当	（1）进料不良 （2）前制程问题 （3）设备精度问题 （4）错误指令 （5）标准有误 （6）方法不恰当	（1）防止不良料进入 （2）进行设备保养与预警 （3）实施"三不"原则（不接受不良品、不制造不良品、不传递不良品） （4）掌握现场问题的正确立场与原则
4	不愿	（1）管理问题 （2）组织问题 （3）缺乏压力 （4）缺乏激励	（1）开展品质评比活动 （2）推行QCC活动 （3）推行5S活动 （4）强化基层干部训练 （5）定期检讨修订公司制度，使其具有激励性 （6）强调"对事不对人"的原则 （7）建立适当的责任归属

1.3　事后控制

在传统管理模式中，企业的产品品质，通常采取事后控制的方式来进行控制，即由产品的专职品质检验人员，在产品的各生产工序进行产品检验，或以这种检验手段为主的管理方法。产品进入市场后，一旦出现品质问题，厂方处理事故通常会采用召开"品质事故现场会"的做法，让全体员工从中吸取教训，并通过扣发奖金的方式，追究对事故负有直接责任者及负有领导责任的负责人的过失。

1.　将品质与绩效挂钩

许多现场生产人员总觉得品质是品管部门的事，好像与自己没有关系，其实，品质是制造出来的。为了让现场的生产人员真正地把品质放在心上，企业有必要将品质与绩效挂钩，通俗地讲，就是将其工资与品质挂钩。品质高，工资收入也相应会高；品质低，则收入也会降低。而要做到这一点，企业就必须事先制定品质奖惩制度，并让所有员工都了解。奖惩制度可通过会议传达、板报张贴等方式告之让员工，让他们知道什么事情怎么做，标准是怎样的，如果没达到标准会有哪些后果等。

2．事后控制的危害

单纯事后控制存在严重的危害，主要有以下几个方面。

（1）缺乏过程控制，导致生产下游环节无法及时向上游环节反馈整改意见。

（2）上游环节间缺乏详细的标准，容易造成各部门间互相扯皮的现象，这不但影响凝聚力，还大大降低了生产效率。

（3）员工的品质意识和警惕性会下降，从而导致品质事故频发。

（4）严重的品质事故不但会影响企业信誉，还会给企业造成严重经济损失。

第2节　现场品质管理工具

品质管理的旧七大工具指的是直方图法、层别法、柏拉图法、鱼骨图法、查检表、散布图和控制图。新七大品质管理手法指的是亲和图法、PDPC法、矩阵数据分析法、关联图法、矩阵图法、系统图法和箭线图法。这里主要介绍新的七大品质管理工具。

2.1　亲和图法

亲和图法又称KJ法，它通过搜集杂乱无章的语言资料，然后按其亲和性进行汇集、思考、探求内在规律，最终获得认识上的升华而为未知领域建立起系统的想法和思路，或为已知领域另开辟新途径、新办法或创立新理论体系。实施亲和图法的步骤如下所示。

1．确定课题

KJ法最适合于处理非解决不可而又了无头绪，或由于受旧观念束缚而不易解决，且容许有一段时间仔细思考研究的问题。那些简单的或期限紧迫、要求速战速决的问题，不宜采用KJ法。

2．组成小组

课题确定后，应选择敢于思考、善于思考的有关人员组成小组，并在小组成员间营造出共同合作、相互解决的气氛。组长既要能贯彻自己的设想，又要善于听取和接纳组员的意见。

3. 收集资料

要不带个人感情色彩地围绕问题向四面八方通过各种途径采集有关资料。

4. 书写卡片

将资料分为具有独立意义的最小单元后，再将每一单元整理成一张规格化的卡片。卡片上的文字要简洁且尽可能保持原貌，以免丢失重要资料，不利于分析。

5. 汇总整理卡片

将写成的卡片混合铺开后，反复纵向、横向依次阅读，然后把内容近似的或比较接近的卡片归类在一起，即按语言资料的密切性归成若干类。不能归类的"孤立"的卡片依然保留。

6. 制作标签卡片

为内容相似或相近的卡片组制作一张能代表该组内容的主卡片，即标签卡。标签卡内容要表达生动，不能抽象化。标签卡覆盖于这组卡片上。

7. 作图

把归类过程图形化即形成亲和图。

把整理好的卡片展开并安排在适当的位置上，用符号画出卡片之间的联系。

2.2 PDPC法

PDPC是英文Process Decision Program Chart的缩写，中文名称为过程决策程序图。所谓PDPC法，是为完成某个任务或达到某个目标，在制订行动计划或进行方案设计时，预测可能出现的障碍和结果，并相应地提出多种应变计划的一种方法。PDPC法是运筹学中的一种方法，其工具就是PDPC图。PDPC法的应用步骤如图6-4所示。

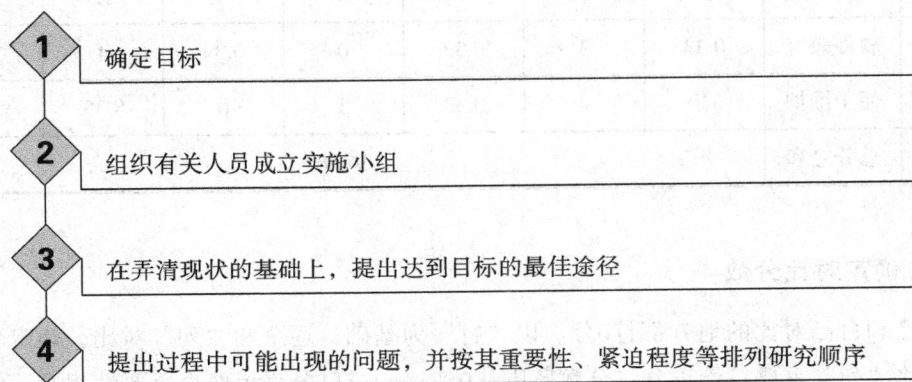

1 确定目标

2 组织有关人员成立实施小组

3 在弄清现状的基础上，提出达到目标的最佳途径

4 提出过程中可能出现的问题，并按其重要性、紧迫程度等排列研究顺序

5 研讨问题，选定对策方案

6 制作PDPC图

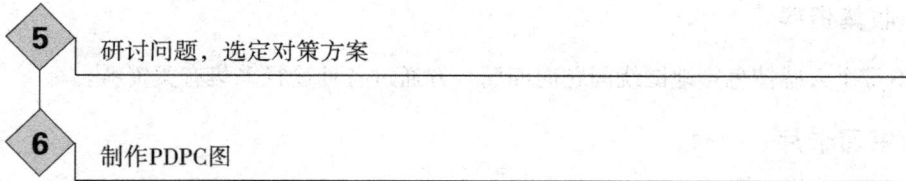

图6-4 PDPC法的应用步骤

2.3 矩阵数据分析法

矩阵数据分析法是新七大QC手法中唯一以数据解析的方法，其解析的结果仍然以图形表示。数据解析的过程采取多变量分析方法，手法应用也称为"主成分分析法"，分析的对象为矩阵图与要素间的关联性。以下通过例子来介绍如何使用矩阵数据分析法。

1．确定需要分析的各个方面

企业通过亲和图得到易于控制、易于使用、网络性能、软件兼容和便于维护五个因素，现在需要确定它们相对的重要程度。

2．组成数据矩阵

用Excel或者手工把这些因素分别输入表格，具体如表6-4所示。

表6-4 矩阵数据分析法

序号	A	B	C	D	E	F	G	H
1	—	易于控制	易于使用	网络性能	软件兼容	便于维护	总分	权重(%)
2	易于控制	0	4	1	3	1	9	26.2
3	易于使用	0.25	0	0.20	0.33	0.25	1.03	3.0
4	网络性能	1	5	0	3	3	12	34.9
5	软件兼容	0.33	3	0.33	0	0.34	4	11.6
6	便于维护	1	4	0.33	3	0	8.33	24.23
	总分之和				34.36			

3．确定对比分数

自己和自己对比的地方都打0分。以"行"为基础，逐个和"列"对比，确定分数。"行"比"列"重要，给正分。分数范围从9到1分。打1分表示两个重要性相当。例如，第2行"易于控制"和C列"易于使用"比较，重要一些，打4分；和D列"网络性能"比较，相当，打1分。如果"行"没有"列"重要，给反过来重要分数的倒数。例如，第3行的"易于使用"和B列的"易于控制"前面已经对比过了。前面是4分，现在取倒数，1/4=0.25。有D列"网络性能"比没有"网络性能"重要。反过来，"网络性能"比"易于使用"重要，打5分。现在取倒数，就是0.20。实际上，做的时候可以围绕以0组成的对角线对称填写对比的结果就可以了。

4．加总分

按照"行"把分数加起来。在G列内得到各行的"总分"。

5．算权重分

把各行的"总分"加起来，得到"总分之和"。再把每行"总分"除以"总分之和"得到H列每"行"的权重分数。权重分数越大，说明这个方面越重要，"网络性能"34.9分。其次是"易于控制"26.2分。

2.4 关联图法

关联图又称关系图，它是一个用箭头线表示各项存在问题及其要因与要因之间、各项目及其手段与手段之间错综复杂的逻辑关系的图形。灵活运用关联图解决品质管理问题的方法称为关联图法。关联图的应用步骤如图6-5所示。

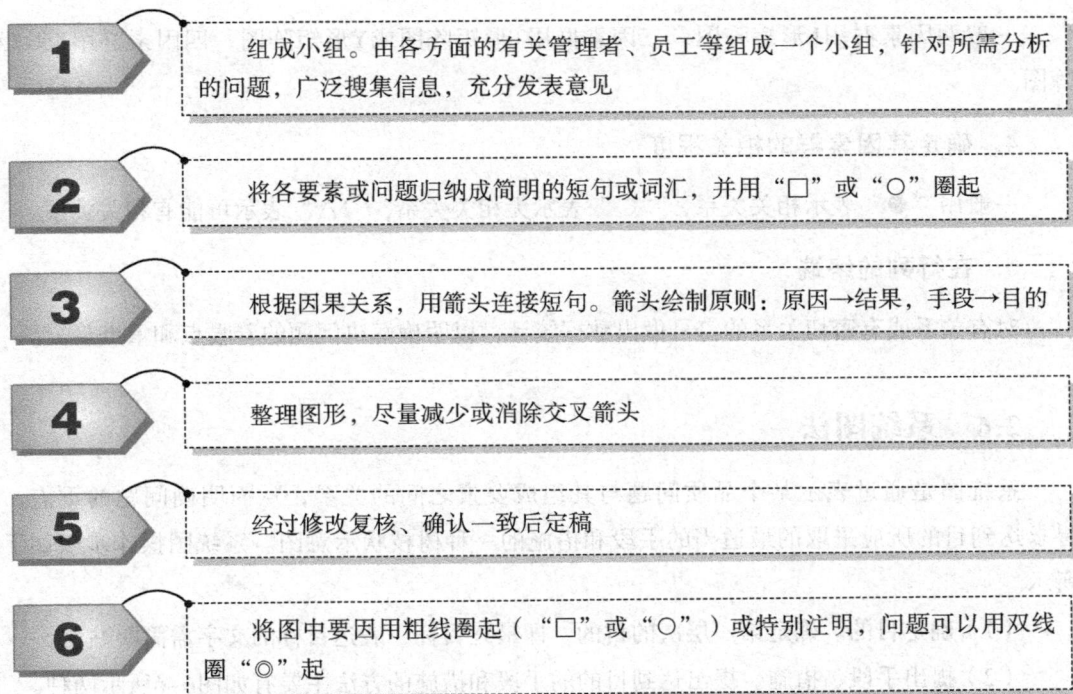

1 组成小组。由各方面的有关管理者、员工等组成一个小组，针对所需分析的问题，广泛搜集信息，充分发表意见

2 将各要素或问题归纳成简明的短句或词汇，并用"□"或"○"圈起

3 根据因果关系，用箭头连接短句。箭头绘制原则：原因→结果，手段→目的

4 整理图形，尽量减少或消除交叉箭头

5 经过修改复核、确认一致后定稿

6 将图中要因用粗线圈起（"□"或"○"）或特别注明，问题可以用双线圈"◎"起

图6-5 关联图的应用步骤

在图中，箭头只进不出的是问题；箭头只出不进的是主因，也叫末端因素，是解决问题的关键；箭头有进有出的是中间因素。

2.5 矩阵图法

矩阵图法，是利用数学上矩阵的形式表示因素间的相互关系，从中探索问题所在并得出解决问题的设想。它是进行多元思考，分析问题的方法。矩阵图法简单实用，在管理或品管中的应用概率非常高。矩阵图的绘制步骤和方法如下所示。

1．确定需解决的问题

首先确定需组合哪些事项，解决什么问题。一般来说，如果对象的目的或结果单一，其手段或原因能够逐步展开时，可用系统图法。但如果对象的目的或结果有两种以上，需要把它们的手段和原因对应起来展开时，则用矩阵图较为适宜。

2．选择因素群

一般选择成对因素群，以确定相关关系及其影响。例如品质问题的现象与原因、品质特征与品质因素、成分—特性—用途、测试项目—工序—测试仪器、品质现象—原因—工序……找到与问题有关的属于同一水平的对应因素，这是绘制矩阵图的关键。

3．选择适当的矩阵图

一般两因素群用L形矩阵图，三因素群用T形矩阵图或Y形矩阵图，四因素群用X形矩阵图。

4．确定其因素群的相关程度

一般用"●"表示相关关系，"○"表示无相关关系，"△"表示可能有相关关系。

5．在行列的终端

对有关系或有密切关系的符号做出数据统计，以明确解决问题的着眼点和重点。

2.6 系统图法

系统图是通过表示某个品质问题与其组成要素之间的关系，从而明确问题的重点，寻求达到目的所应采取的最适当的手段和措施的一种树枝状示意图。系统图操作步骤如下所示。

（1）确定目的。确定第一层次的目的，即最终目标，表达目标的文字需简明贴切。

（2）提出手段、措施。提出达到目的的手段和措施的方法主要有如图6-6所示两种。

① 演绎法

从总目的手段和高层次的手段开始，逐次向低一层次的手段展开

② 归纳法

围绕目的，先提出最具体、最低层次的全部措施，然后顺次向高层次归纳，直至最高层次和总目的相接

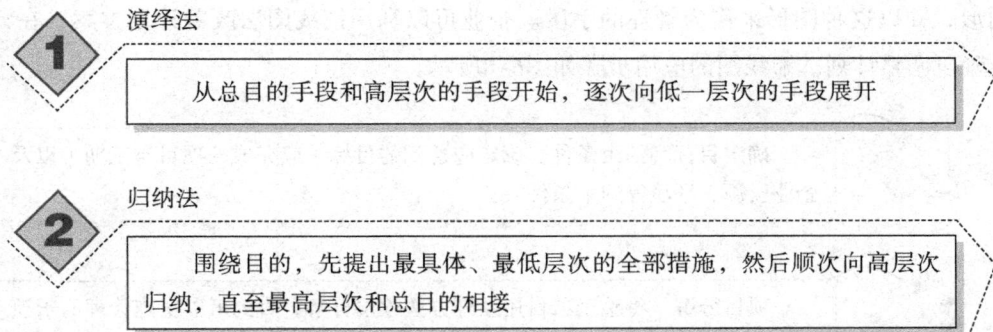

图6-6　达到目的的手段、措施的方法

（3）评价手段、措施。对提出的手段与措施进行认真的评估和筛选，将其分为可行的、有待调查的和不可行的三类，其中有待调查的手段与措施在对其进行调查后再定取舍。注意：管理人员在评估过程中不可轻易否定某种新设想。在评价过程中，管理人员产生新构思时，应随时补充，以使其最终形成一套完整的手段、措施系统。

评价用"○""△""×"等符号表示。○表示可以实施；△表示尚不能确定其是否可以实施，需进一步调查；×表示不可行。对属于"△"的手段和措施应再次通过调查和实验，将其转移为"○"或"×"。

（4）制作卡片。将目的及筛选后的手段、措施逐一制成统一规格的卡片。

（5）初步建图。将卡片在纸上按目的以手段链的形式排成系统图形式，最后加上连线。排列卡片时通常顺次提出如图6-7所示的问题。

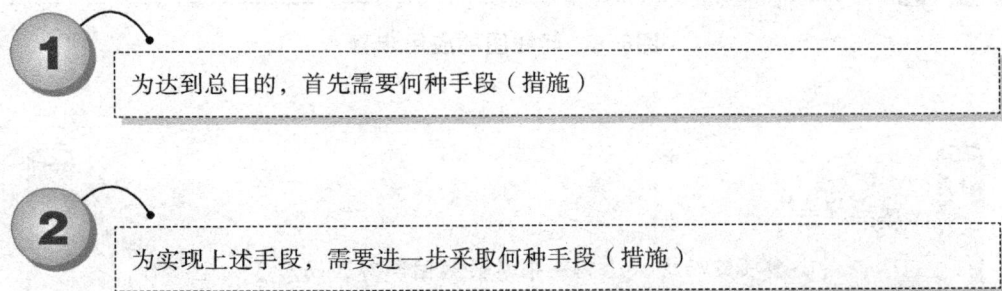

① 为达到总目的，首先需要何种手段（措施）

② 为实现上述手段，需要进一步采取何种手段（措施）

图6-7　排列卡片时提出的问题

（6）确认目的。为慎重起见，对初步建成的系统图应用归纳法从最低层次开始顺次向上层确认，直到总目的为止。

2.7　箭线图法

箭线图就是带有箭头的图形。箭线图法即以许多的箭头，依据其相关的必要性，连接

成图形，并以这种图形来作为管理的手段。企业可以利用箭线图法改善计划方案，在计划实施阶段调整计划。箭线图的应用步骤如图6-8所示。

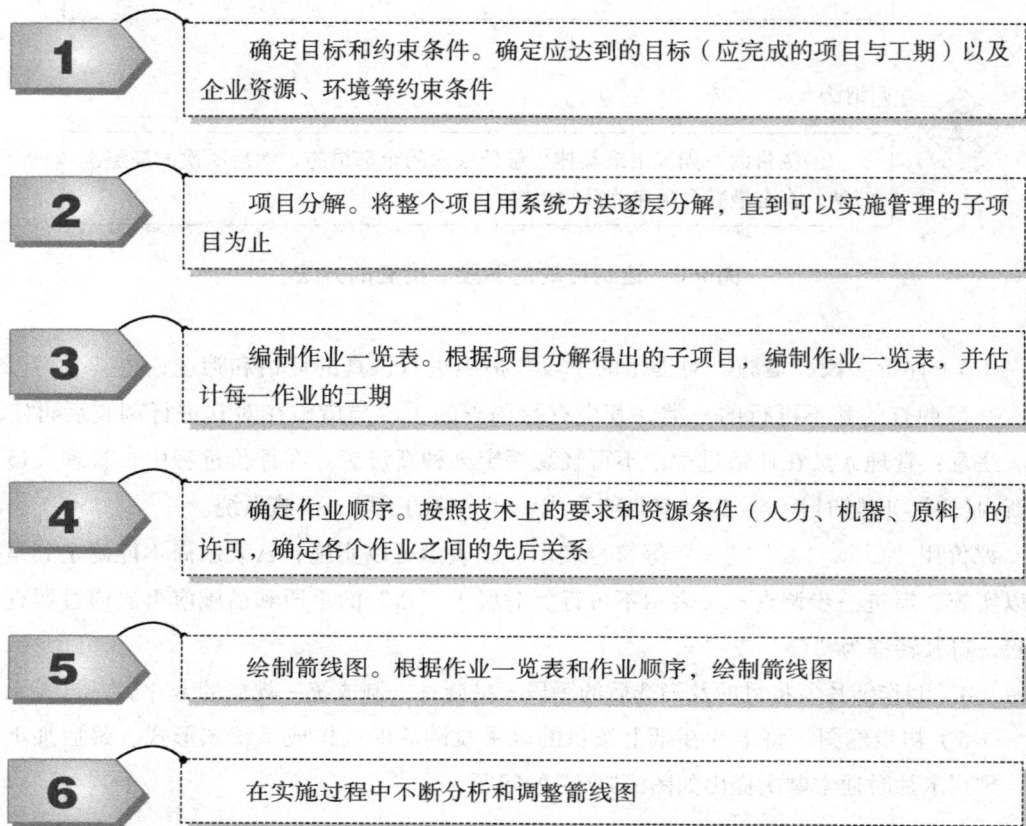

1 确定目标和约束条件。确定应达到的目标（应完成的项目与工期）以及企业资源、环境等约束条件

2 项目分解。将整个项目用系统方法逐层分解，直到可以实施管理的子项目为止

3 编制作业一览表。根据项目分解得出的子项目，编制作业一览表，并估计每一作业的工期

4 确定作业顺序。按照技术上的要求和资源条件（人力、机器、原料）的许可，确定各个作业之间的先后关系

5 绘制箭线图。根据作业一览表和作业顺序，绘制箭线图

6 在实施过程中不断分析和调整箭线图

图6-8 箭线图的应用步骤

要点提示

对小型项目而言，绘制一张总箭线图即可，而对于大型项目，常需先按子系统分别绘制，然后衔接而成总箭线图。绘制箭线图时必须注意节点与箭线的关系：进入某一节点的各项作业必须全部完成，该节点所表示的事件才能出现；某一节点出现后，由该节点引出的各项作业才能开始。

第3节　现场品质改善方法

产品品质是设计、加工和制造出来的，而不是检验出来的。企业要想在提高客户对产品品质的满意程度的同时，努力降低品质成本，就必须在产品品质形成的各个过程中，采取正确的品质管理方法，做好品质管理工作。

3.1　朱兰三部曲

从产品品质形成过程看，品质管理要贯穿于由设计、制造、销售、服务等环节所构成的产品全生命周期。从管理的角度看，要搞好品质管理，必须抓住计划、控制和改进这三个主要环节，即品质计划、品质控制和品质改进。这一管理模式是由世界著名的品质管理专家朱兰博士于1987年首先提出的，所以称为朱兰三部曲。在朱兰三部曲中，每一步都要按照固定的程序来执行。

1．品质计划

品质计划是一个为实现品质目标做准备的过程，其最终结果是按照品质计划开展品质活动，主要内容包括以下几点。

（1）从外部和内部认识用户。

（2）确定用户需求。

（3）开发出能满足用户需求的产品。

（4）制定能满足用户需求的产品品质目标，并以最低综合成本来实现。

（5）制定出能生产所需产品的生产程序。

（6）验证这个程序的能力，证明它在实施中能达到的品质目标。

2．品质控制

品质控制是在经营中达到品质目标的过程，其最终结果是按照品质计划开展经营活动，其主要内容如下所示。

（1）选择控制对象。

（2）选择测量单位。

（3）规定测量方法。

（4）确定品质控制目标。

（5）测定实际品质特性。

（6）通过实践与标准的比较找出差异。

（7）根据差异采取措施。

3．品质改进

品质改进是一个突破计划并达到前所未有的品质水平的过程，其最终结果是以明显优于计划性能的品质水平进行经营活动，主要内容包括以下几点。

（1）证明改进的需要。

（2）确定改进对象。

（3）实施改进，并对这些改进项目进行指导。

（4）组织诊断，确定原因。

（5）提出改进方案。

（6）证明这些改进方法有效。

（7）提供控制手段，以保持其有效性。

3.2　品管圈活动

"品管圈"（Quality Control Circle，QCC）是指由同一工作现场的人员自动自发地进行品质控制活动所组成的小组。这些小组作为全公司品质控制活动的一环，在自我启发及相互启发的原则下，活用各种统计方法，以全员参加的方式，不断地进行改善及管理自己工作现场的活动，就是"品管圈活动"。简单地说，品管圈活动就是工作性质相同的同事，共同发挥能力，改善本身工作的改善活动。品管圈的推行步骤如图6-9所示。

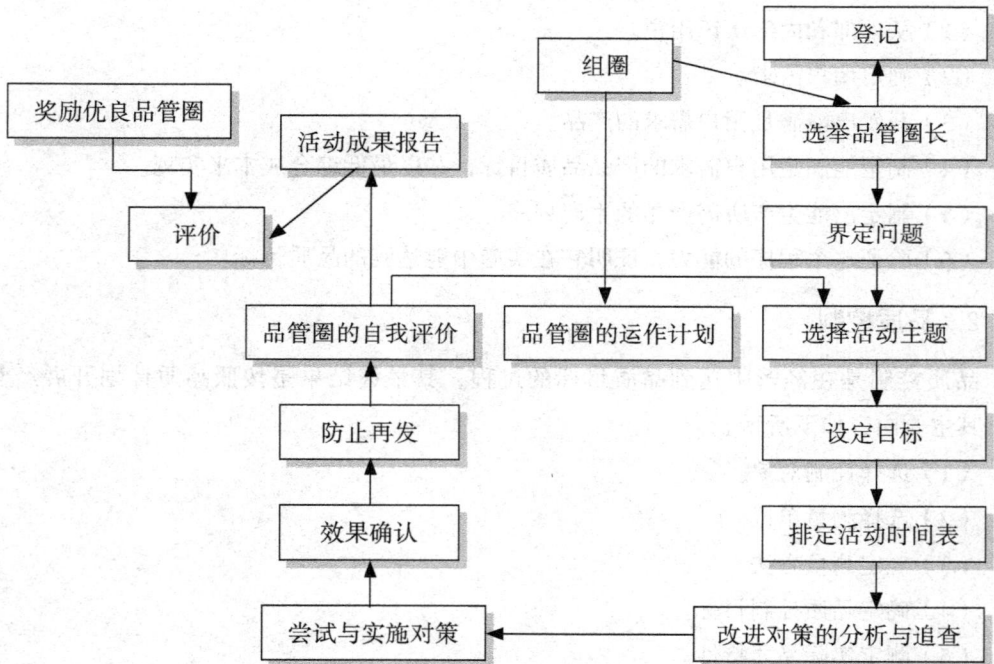

图6-9　品管圈的推行步骤

1．品管圈组圈

将品管圈妥善编组的目的，在于切实推进自主自发的管理活动，以及提高圈员的品管意识。品管圈组织要点如下。

（1）品管圈的活动，原则上希望所有作业员都参加，自主自发组织而成，以主管、班长或组长等基层管理人员为核心。圈员人数以7～45人为最佳人数太少可能不易有太多构想，点子缺乏多样性；人数太多则可能导致某些圈员参与度不够，无法充分发言。

（2）圈长应具备基本的品管知识和领导管理知识，并且须时常接受训练及教育，以便足以领导全体圈员。

（3）品管圈在全厂普遍成立时，厂长或经理宜指定研究改善的目标（例如，本期成本或不良率须设法降低，由品管圈内人员设法达成该目标），或是由圈内人自行选定题目，进行研究改善。

（4）厂长、经理及品管部人员应对品管圈长进行教育训练，为其营造气氛，使其处于品管的情境里。此外，圈长需常有进修及观摩其他厂的机会。

（5）每隔一段时间召开各圈的联合大会，讨论品管圈的主要特性和实施成果，并为圈员自由发言创造机会。

2．召开品管圈圈会

为确保品管圈的有序进展，品质主管须经常召开圈会。品管圈圈会的实施步骤如表6-5所示。

表6-5　品管圈圈会的实施步骤

顺序	参考事项
1．开会的准备 大会主席应在2～3天前把握实际情况，并做准备 （1）确认全员都能参加 （2）通知时间、地点 （3）检讨上一次会议留下来的事项是否已做到 （4）设置开会讨论的内容	（1）通知会场管理人，确定会场能使用 （2）向推行单位报备
2．会前报告 （1）检讨上次会议讨论事项以及习题，并做简单报告说明 （2）告知本次会议内容与进行程序	即使事先有了通知，当场还得再做说明与确认
3．报告习题 　上次留下来的事项，请负责人报告经过，征求大家的意见，看是否有异议	依问题的性质可留待会后报告

（续表）

顺序	参考事项
4．进行讨论 （1）讨论时，解决了一件事，才能进入下一议题 （2）决议要做的事，应明确负责人与明确期限 （3）开会时间有限，表达意见要简明扼要	会议→决行→讨论
5．决议与作总结 （1）会议结束前，主席应做本次会议的总结 （2）凡有决议留待进行者，应有负责人的承认	可以"本次会议进行到第几项"、"下次要进行几项"来总结
6．预告下次会议日期 　下次会议大约在＿＿月＿＿日，在＿＿月＿＿日以前将再通知确切日期	
7．结束 　借用的会议室、黑板、桌椅等要整理好，习题与资料要即刻整理收好	
8．提出会议记录 　会后五天内，会议记录整理完毕，呈报领导后转交推行单位	会议记录只要填写一份

3．圈会改善活动

　　品管圈组成以后，从选定改善题目开始，须不断应用统计的技巧，配合圈员脑力激荡，实施印证，以有条理及科学化的方式进行改善工作。品管圈活动是就圈员以工作现场为主要改进范围，以问题意识和改进意识来发现问题点，以团队合作精神共同研讨对策，解决问题。

4．品管圈活动成果的评价

　　品管圈活动成果评价的主要目的在于改善或指导品管圈的活动及选定下期活动目标，并检讨本期品管圈活动计划。品管圈活动成果的评价主要包括以下三个方面的内容。
　　（1）活动经过的评价。
　　（2）活动成果的评价。
　　（3）成果发表的评价。

学习笔记

通过学习本章内容，想必您已经有了不少学习心得，请仔细记录下来，以便巩固学习成果。如果您在学习中遇到了一些难点，也请如实写下来，以备今后重复学习，彻底解决这些学习难点。

同时本章列举了大量的实用范本，与具体的理论内容互为参照和补充，方便您边学边用，请如实填写您的运用计划，以使工作与学习相结合。

我的学习心得：

1. _____
2. _____
3. _____

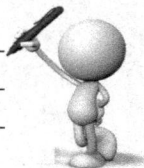

我的学习难点：

1. _____
2. _____
3. _____

我的运用计划：

1. _____
2. _____
3. _____

第 **7** 章

现场安全管理

企业生产现场是物质流动、各种形式能量流动、信息流动、人员流动的动态交汇的场所。据有关资料显示，全国各类安全事故90％以上都发生在生产现场。因此，企业强化生产现场的安全管理是做好安全生产工作的重中之重，是实现安全生产目标的重要途径。

第1节　现场安全教育与培训

　　企业安全管理的重点就在于现场安全管理，而现场安全管理的核心是防止事故的发生，即要加强事前的现场安全教育与培训。经常性的现场安全管理教育，具有长期性和艰巨性的特点。企业对员工的经常性安全教育应贯穿于生产活动之中，具体包括如图7-1所示三个方面的内容。

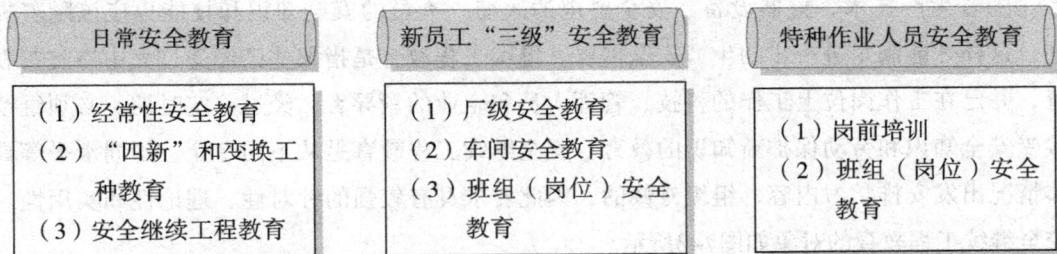

日常安全教育	新员工"三级"安全教育	特种作业人员安全教育
（1）经常性安全教育 （2）"四新"和变换工种教育 （3）安全继续工程教育	（1）厂级安全教育 （2）车间安全教育 （3）班组（岗位）安全教育	（1）岗前培训 （2）班组（岗位）安全教育

图7-1　现场安全教育的内容

1.1　日常安全教育

1. 经常性安全教育

经常性安全生产教育的形式有多种，其中一种是采用安全活动日、安全会议、安全技术交流、黑板报、事故现场会、安全教育陈列室、放映安全电影和录像、安全考试、安全竞赛等；另一种是在生产过程中坚持班前布置安全、班中检查安全、班后总结安全的制度，进行员工违章离岗安全教育、工伤事故责任者安全教育等，都可收到较好的安全教育效果。

2．"四新"和变换工种教育

"四新"教育是指企业采用新工艺、新材料、新设备、新产品时或为员工调换工种时，对员工进行新操作方法和新工作岗位的安全教育。

"四新"安全教育由技术部门负责进行，其主要内容如图7-2所示。

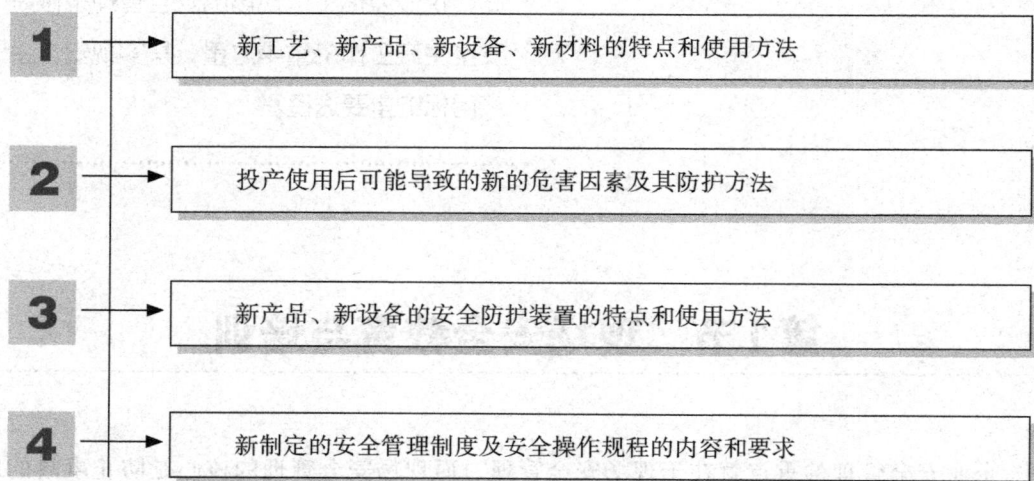

1 新工艺、新产品、新设备、新材料的特点和使用方法

2 投产使用后可能导致的新的危害因素及其防护方法

3 新产品、新设备的安全防护装置的特点和使用方法

4 新制定的安全管理制度及安全操作规程的内容和要求

图7-2 "四新"和变换工种教育内容

3．安全继续工程教育

随着生产技术、机器设备、安全要求的改变，人员的安全知识和技能也应该随着提高，这样才能满足进一步的生产安全需要。继续工程教育是指那些已经受过大中专院校教育，并已在工作岗位上工作的科技、管理人员和企业的领导者，经过一定时期，必须继续接受安全知识和劳动保护新知识的教育。安全继续工程教育是从不同专业、不同水平等具体情况出发安排学习内容、组织专修的，因此要求具有较强的针对性、理论性和实用性。安全继续工程教育的对象如图7-3所示。

1 专职从事安全管理的领导

2 企业主管安全的负责人

3 安全工程技术人员

4 新任职的领导

图7-3 安全继续工程教育的对象

1.2 新员工"三级"安全教育

1．厂级安全教育

厂级安全教育是对新入厂的员工或调动工作的员工以及到厂临时工、合同工、培训及实习人员等，在将其分配到车间和工作地点之前，由厂人力资源部门组织安全部门进行的初级安全教育。其主要内容如下所示。

（1）安全生产的方针、政策法规和管理体制。

（2）企业的性质及其主要工艺过程。

（3）本企业劳动安全卫生规章制度及状况，劳动纪律和有关事故的真实案例。

（4）企业内特别危险的地点和设备及其安全防护注意事项。

（5）新员工的安全心理教育。

（6）有关机械、电气、起重、运输等安全技术知识。

（7）有关防火防爆和企业消防规程的知识。

（8）有关防尘防毒的注意事项。

（9）安全防护装置和个人劳动防护用品的正确使用方法。

（10）新员工的安全生产责任制等内容。

2．车间安全教育

车间安全教育是新员工或调动工作的员工在分配到车间后，进行的第二级安全教育，由车间主管安全的管理人员负责。车间安全教育的具体内容如图7-4所示。

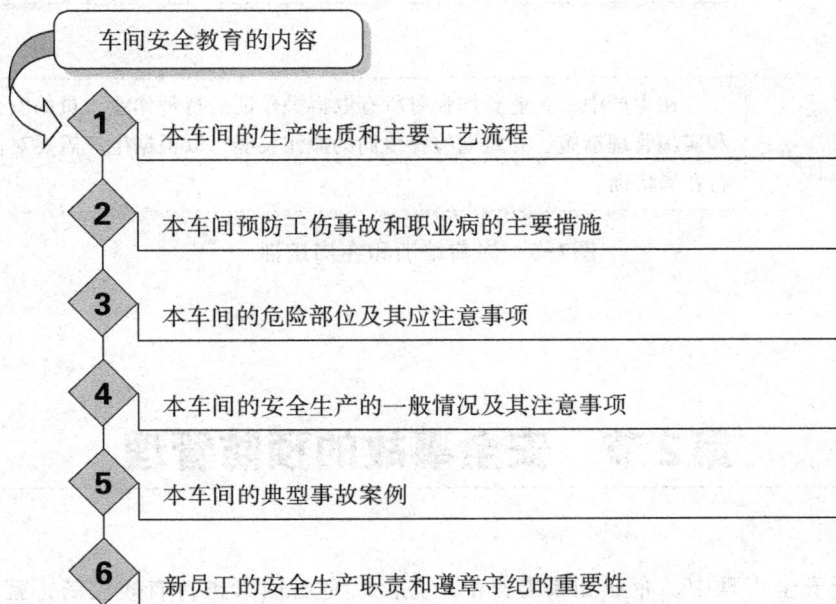

车间安全教育的内容

1 本车间的生产性质和主要工艺流程

2 本车间预防工伤事故和职业病的主要措施

3 本车间的危险部位及其应注意事项

4 本车间的安全生产的一般情况及其注意事项

5 本车间的典型事故案例

6 新员工的安全生产职责和遵章守纪的重要性

图7-4 车间安全教育的内容

3．班组（岗位）安全教育

班组（岗位）安全教育是由工段、班组长对新到岗位工作的员工进行的上岗之前的安全教育，主要内容如下所示。

（1）工段或班组的工作性质、工艺流程、安全生产的概况。

（2）新员工将要从事的生产性质、安全生产责任制、安全操作规程以及其他有关安全知识和各种安全防护、保险装置的使用。

（3）工作地点的安全生产和文明生产的具体要求。

（4）容易发生工伤事故的工作地点、操作步骤和典型事故案例的介绍。

（5）正确使用和保管个人防护用品。

（6）发生事故以后的紧急救护和自救常识。

（7）企业、车间内常见的安全标志、安全色。

（8）工段或班组的安全生产职责范围。

1.3　特种作业人员安全教育

特种作业人员的培训方式可以分为岗前培训和在岗培训两种，具体内容如图7-5所示。

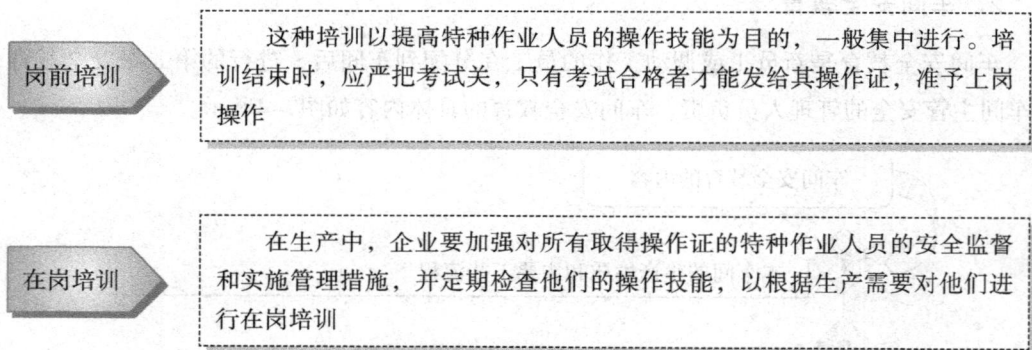

岗前培训	这种培训以提高特种作业人员的操作技能为目的，一般集中进行。培训结束时，应严把考试关，只有考试合格者才能发给其操作证，准予上岗操作
在岗培训	在生产中，企业要加强对所有取得操作证的特种作业人员的安全监督和实施管理措施，并定期检查他们的操作技能，以根据生产需要对他们进行在岗培训

图7-5　岗前培训和在岗培训

第2节　安全事故的预防管理

在现场安全管理中，企业如果能提前对危险、危害因素进行有效控制，就可以很好地预防事故的发生。即便有事故发生，由于采取了一定的控制措施，也可以将因事故而造成的损失降低。现场安全事故预防的措施一般分为工程技术措施和管理措施，具体内容如图7-6所示。

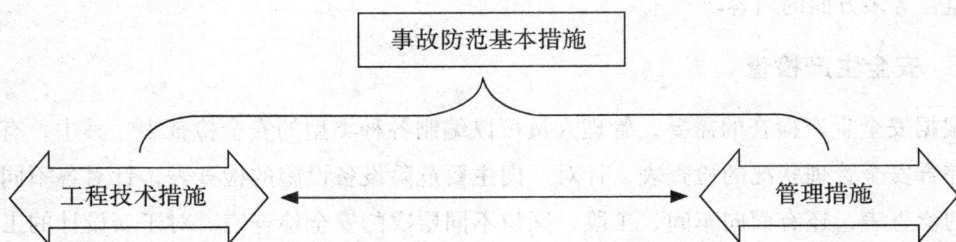

图7-6　事故防范基本措施

2.1　事故防范的工程技术措施

事故防范的工程技术措施是指对设备、设施、工艺、操作等，从安全角度考虑计划、设计、检查和保养的措施，亦指运用工程技术手段消除物的不安全因素，实现生产工艺和机械设备等生产条件本质安全的措施。

本质安全是应用人机工程学的原则，通过机械的设计者，在设计阶段采取措施来消除设备隐患的一种实现本质安全的方法。也就是说，本质安全是指通过设计等手段使生产设备或生产系统本身具有安全性，即使在误操作或设备发生故障的情况下也不会发生事故。

本质安全具体包括以下几个方面。

（1）采用本质安全技术。采用本质安全技术进行机械预定功能的设计和制造，能够在预定条件下使机械的预定功能满足机械自身的安全要求。

（2）限制机械应力。零件的机械应力不超过允许值，保证足够的安全系数。

（3）材料和物质的安全性。要确保制造机械的材料、燃料和加工材料在使用期间不危及人员的安全和健康。

（4）体现安全人机学的原则。要适应人体特征、坚持以人为本，提高设备的可靠性和操作性。

（5）设计控制系统的安全。控制系统要充分考虑各种作业的操作模式，采用自动化故障显示装置。

（6）气动和液压系统的安全。

（7）电气安全。

（8）失效安全。机械设备在发生故障时，能够自动停止运行，从而终止危险。

2.2　事故防范的管理措施

管理措施是指由国家机关、企业单位组织制定的，要求员工共同遵守的有关安全规程、规范和安全标准。管理措施应包括贯彻实施有关法令、标准、规范，制定安全操作规程，组织安全检查，实行岗位责任制、交接班制度以及各种安全制度，如挂牌操作、动火作业监督等多方面的内容。

1. 安全生产检查

根据安全生产检查的需要，管理人员可以编制各种类型的安全检查表。其中，有针对企业综合安全管理状况的检查表，针对厂内主要危险设备设施的检查表，针对各不同专业类型的检查表，还有面向车间、工段、岗位不同层次的安全检查表。对于新设计的工艺设备，还可为其制定设计审查用的检查表。安全生产检查的内容如图7-7所示。

1 物品的状况是否安全	2 人的行为是否安全	3 安全管理是否完善

图7-7 安全生产检查的内容

（1）检查物品的状况是否安全。

检查生产设备、工具、安全设施、个人防护用品、生产作业场所以及生产物料的存储是否符合安全要求，具体内容如图7-8所示。

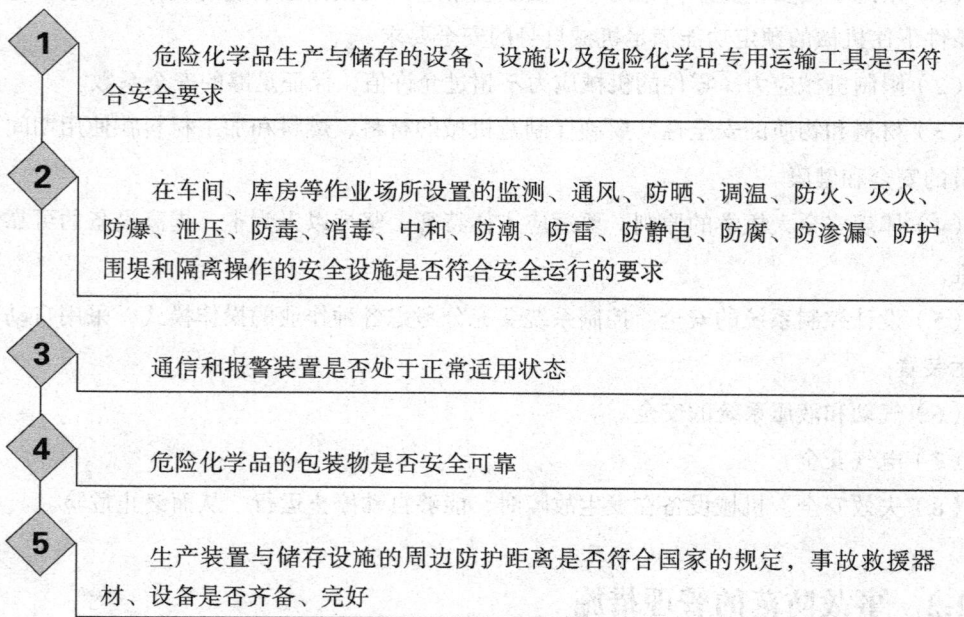

1 危险化学品生产与储存的设备、设施以及危险化学品专用运输工具是否符合安全要求

2 在车间、库房等作业场所设置的监测、通风、防晒、调温、防火、灭火、防爆、泄压、防毒、消毒、中和、防潮、防雷、防静电、防腐、防渗漏、防护围堤和隔离操作的安全设施是否符合安全运行的要求

3 通信和报警装置是否处于正常适用状态

4 危险化学品的包装物是否安全可靠

5 生产装置与储存设施的周边防护距离是否符合国家的规定，事故救援器材、设备是否齐备、完好

图7-8 物品状况的检查内容

下面提供一份某企业的危险化学品安全检查表，供读者参考。

【范本7-01】危险化学品安全检查表

危险化学品安全检查表

检查人：　　　　　　　　　　　　　　　　　　检查时间：＿＿＿＿年＿＿月＿＿日

序号	检查项目	检查标准	检查方法（或依据）	检查评价	
				符合	不符合及主要问题
1	一书一签	按照规定对属于危险化学品的产品进行登记，编制安全技术说明书与安全标签，对不是危险化学品的理化特性和危害进行登记	查档案		
2	购买	不购买、不使用没有安全技术说明书与安全标签的危险化学品	查现场查供应		
3	使用	（1）车间根据需要，规定危险化学品存放时间、地点和最高允许存放量 （2）生产备料性质相抵触的、灭火方法不同的物料必须分隔清楚，不准存放在一起 （3）爆炸物品、剧毒物，随用随领，领取数量不得超过当班用量，剩余要及时退回 （4）生产和使用有毒有害化学品场所应具备防止和减少毒物逸散措施、防护措施等 （5）压缩气体和液化气体使用时，气瓶内应留有余压，且压强不低于0.05Pa （6）有防止互为禁忌物品接触的措施 （7）生产、使用危险化学品的场所，有防火、排气、通风、泄压、防爆、阻止回火、导除静电、紧急放料和自动报警等措施	查现场查记录		
4	储存	（1）应按照有关制度，核对、检验进库物品的规格、品质、数量 （2）无产地、铭牌、检验合格证、一书一签的危险化学品不得入库 （3）库存物品应当分类、分垛、分库贮存，储存安排与剁距符合标准要求 （4）甲、乙类物品和一般物品以及容易相互发生化学反应或者灭火方法不同的物品，分间、分库储存，并在醒目处标明储存物品的名称、性质和灭火方法	查现场查记录		

序号	检查项目	检查标准	检查方法（或依据）	检查评价	
				符合	不符合及主要问题
4	储存	（5）甲、乙类物品厂房、库内不准设办公室、休息室，不准住人 （6）库房工作人员在每日工作结束后，应对化学物品进行安全检查，确认其安全后，方可离开 （7）易燃、易爆物品的仓库具有防火措施 （8）保管人员根据所保管的危险化学品的性质，配备必要的防护用品、用具 （9）罐区防火堤的排水管应相应设置隔油池或水封井，并在出口管上设置切断阀 （10）贮罐区：各种承压储罐符合我国有关压力容器的规定，其液位计、压力表、温度计、呼吸阀、阻火器、安全阀等安全附件完好 （11）易燃液体储罐应设置绝热设施或降温设施，现场电气设施应为防爆电气 （12）易燃、可燃液体和可燃气体储罐区内，不应有与储罐无关的管道、电缆等穿越，与储罐区有关的管道、电缆穿过防火堤时，洞口应用不燃材料填实，电缆应采用跨越防火堤方式铺设	查现场查记录		
5	装卸运输	（1）危险化学品的装卸运输人员，应对所装卸的危险化学品的理化性质和防护措施有所了解，能按装卸危险化学品的性质，佩戴相应的防护用具 （2）装运剧毒物、易燃液体、可燃气体等物品，能使用符合安全要求的装卸和运输工具 （3）运输易燃、易爆物品的机动车，其排气管装阻火器，并符合危险化学品的运输资质 （4）危险化学品装卸前，应按有关规定对车辆进行静电导出、通风、静止等操作 （5）运输危险化学品的车辆应按指定路线，限定速度行驶	查现场		

（2）检查人的行为是否安全。

在生产过程中，人的操作受其自身条件（安全意识、安全知识技能、经验、健康与心理状况等）的影响可能会出差错，管理也可能会有失误。如果不能及时发现这些问题并解决，就可能导致事故。因此，企业必须及时了解生产中作业人员和管理人员的状况，以便及时纠正人的不安全行为、人的不安全状态和管理中的失误，对人的行为检查内容如图7-9所示。

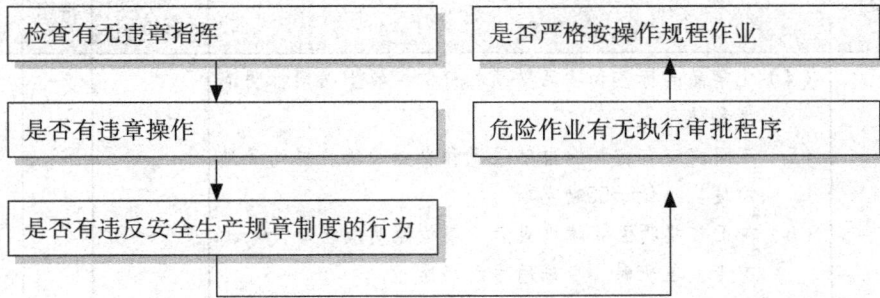

图7-9 人的行为检查内容

（3）检查安全管理是否完善。

检查安全生产规章制度是否建立健全，安全生产责任制是否落实，安全生产管理机构是否健全，安全生产目标和工作计划是否落实到各部门、各岗位，安全教育是否经常开展使职工安全素质得到提高，安全生产检查是否制度化、规范化，检查发现的事故隐患是否及时整改，实施安全技术与措施计划的经费是否落实，是否按"四不放过"原则做好事故管理工作。

重点检查从事特种作业和危险化学品生产、经营、储存、运输、废弃处置的人员和装卸管理人员是否都经过安全培训并考核合格后取得上岗资格，是否制定了事故应急救援预案并定期组织救援人员进行演练等。

下面提供一份某企业的车间级安全检查表，供读者参考。

【范本7-02】车间级安全检查表

车间级安全检查表

检查人：　　　　　　　　　　　　　　　　　　　　检查时间：＿＿＿＿年＿＿月＿＿日

序号	检查项目	检查标准	检查方法（或依据）	检查评价	
				符合	不符合及主要问题
1	作业环境	（1）车间内外应保持整齐、清洁，通道平坦、畅通 （2）车间内不准搭建简易建筑物，如果特殊情况必须搭建，应经有关部门批准，并规定使用期限，用完后立即拆除 （3）通道宽度应符合以下规定，宽度标志线应用油漆涂刷，并保持清晰。行人通道大于或等于1.8米；电瓶车通道大于或等于3米；汽车或叉车通道大于或等于3.5米	依据车间安全管理规定		

序号	检查项目	检查标准	检查方法（或依据）	检查评价	
				符合	不符合及主要问题
1	作业环境	（4）化学品的标签和物品必须相符，标签上必须标明浓度和使用人 （5）车间内应有良好的自然采光和自然通风。自然采光照度应不低于50勒克斯 （6）在正常照明因故障熄灭后，事故照明应自动投入，有专人值班时，可采用手动切换 （7）天窗应有机械开启装置，并启闭灵活、可靠、关闭严密、无漏雨现象 （8）车间应有排水系统，保证在雨季降雨量最大时，排水通畅，阴井不冒水 （9）接地线应具有足够的机械强度、良好的导电性及热稳定性、连接应牢固可靠，并保证导电的连续性 （10）出现问题时应在保证人员防护安全的情况下切断泄漏源或关闭气源总阀，保证通风良好 （11）气瓶应专瓶专用，需要配气时应通知气体库并做好标识 （12）腐蚀性介质气瓶（氯、氨）保质期2年、一般性介质气瓶（氢、氧）保质期3年，惰性介质的气瓶保质期5年 （13）应有气瓶架或固定卡、链、带等，防止气瓶倾倒 （14）油气管道应无裂缝与渗漏，管道应保持通畅，密封良好，无跑、冒、滴、漏现象 （15）管道上的阀门应启闭灵活，关闭严密不漏，流量表、安全阀等均应完好、无泄漏现象 （16）原材料、半成品、工位器具、工装夹具等存放不得侵占车行通道和人行通道 （17）车间空气中有害物质的含量，不得超过《工业企业设计卫生标准》中的规定要求 （18）车间地面的油污、铁屑等脏物应及时清理，保持车间干净整洁	依据车间安全管理规定		
2	安全管理	（1）车间配备专职或兼职安全人员，并建立安全技术档案，随时记录安全生产情况 （2）新入厂员工必须经过三级安全教育，考试不合格者，不准参加生产或单独操作 （3）特种作业人员经安全技术培训后，经过考核，获得相应的资格证，方准上岗独立操作	依据车间安全管理规定		

（续表）

序号	检查项目	检查标准	检查方法（或依据）	检查评价	
				符合	不符合及主要问题
2	安全管理	（4）员工按规定穿戴好防护用品 （5）易燃、易爆等危险场所，有严禁吸烟和严禁明火作业的警示标志 （6）高处作业、带电作业、禁火区域动火经有关部门审批 （7）发生工人职员伤亡事故后，及时抢救伤员，保护现场，立即报告领导和上级领导机关，认真执行国务院颁发的《生产安全事故报告和调查处理条例》 （8）车间的灭火器材安全、完好，重量足，压力在蓝区以上 （9）工作人员掌握预防火灾的"四懂四会"常识四懂：懂得火灾的危险性；懂得火灾的预防措施；懂得火灾的扑救方法；懂得火灾的逃生方法。四会：会报警；会使用灭火器；会灭初期火；会逃生 （10）电气的安装、维修、拆除等请有资格的电工进行操作并对其安装的设备负责	依据车间安全管理规定		

第3节　现场事故处理流程

事故往往具有突发性。因此，在事故发生后，管理人员要保持头脑清醒，切勿惊慌失措，以免扩大生产的损失和人员的伤亡。

3.1　现场工伤事故的处理

接到事故报告后，安全生产监督管理部门和负有安全生产监督管理职责的有关部门按照分级、分线管理的原则，其负责人立即赶赴事故现场，组织事故救援与前期事故调查，并初步确定事故等级、类别和事故原因。

1. 现场工伤事故处理流程

现场工伤事故处理一般按如图7-10所示的流程进行处理。

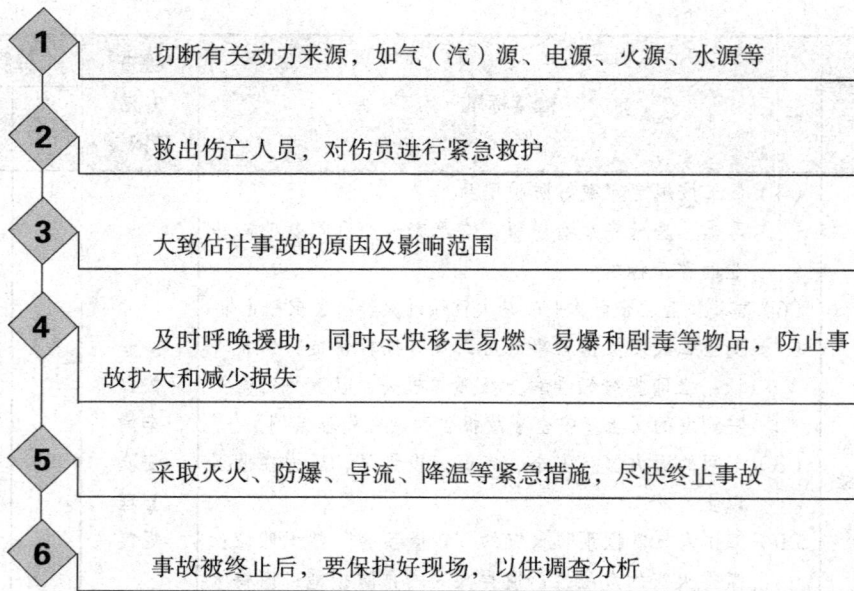

1	切断有关动力来源，如气（汽）源、电源、火源、水源等
2	救出伤亡人员，对伤员进行紧急救护
3	大致估计事故的原因及影响范围
4	及时呼唤援助，同时尽快移走易燃、易爆和剧毒等物品，防止事故扩大和减少损失
5	采取灭火、防爆、导流、降温等紧急措施，尽快终止事故
6	事故被终止后，要保护好现场，以供调查分析

图7-10　现场工伤事故处理流程

2．现场工伤事故原因调查

对于已经发生的安全事故，调查人员要在调查的基础上认真分析，以便于分清事故责任和提出有效改进措施。事故的分析具体可从以下几方面进行。

（1）现场工作是否缺乏必要和正确的检查或指导。

（2）没有安全操作规程或安全操作规程不全面。

（3）没有或不认真实施事故防范措施，没有及时消除事故隐患。

（4）机械设备或环境处于不安全状态。

（5）操作人员具有不安全行为。

（6）技术和设计上有缺陷，例如机械设备、工艺过程、操作方法、维修检验等的设计、施工和材料使用存在问题。

（7）对操作人员的教育培训不够，未经培训、缺乏或不懂安全操作技术知识的人员在岗作业。

3．工伤界定范围

工伤界定范围有以下几种情形。

（1）在工作时间和工作场所内，因工作原因受到事故伤害的。

（2）工作时间前后在工作场所内，从事与工作有关的预备性或者收尾性工作受到事故伤害的。

（3）在工作时间和工作场所内，因履行工作职责受到暴力等意外伤害的。

（4）在工作时间和工作场所内，因为违反劳动纪律和操作规程发生工伤的。

（5）因工外出期间，由于工作原因受到伤害或者发生事故下落不明的。

（6）上下班时间按正常所经路线在上下班途中遭非本人责任事故或其他意外事故。

（7）在抢险救灾等维护国家利益、公共利益活动中受到伤害的。

（8）法律、行政法规规定应当认定为工伤的其他情形。

4．工伤事故假期处理

工伤事故假期处理有以下几个要求。

（1）发生工伤时，如员工受伤严重需要住院或休假的，由员工本人填写请假条（工伤严重住院治疗的可由其直接主管代为填写），部门主管审核后交管理部门。企业管理部门再根据工伤治疗医院的相关证明文件酌情确定具体休假天数。

（2）工伤事故请假时须随附总经理审批的《工伤事故处理报告》。

（3）工伤休假期间的工资按企业相关规定执行。

3.2　现场火灾的处理

扑灭初起火灾可减少火灾损失，杜绝火灾伤亡。火灾初起阶段，燃烧面积小，火势弱，如能采取正确扑救方法，就可以在灾难形成之前迅速将其扑灭。据统计，以往发生的火灾中有70%以上是由在场人员在火灾的初起阶段扑灭的。因此，企业现场消防安全管理的重点就是把火灾消灭在萌芽状态。

1．初起火灾处置程序

遇到突发火灾时，如果能处置得当，就能迅速控制火势。一般来说，要注意做到以下三点。

（1）准确、及时报警。

（2）快速、有效灭火。

（3）灵活、安全逃生。

2．火灾处置的具体方法

火灾处置的具体方法如下。

（1）明确分工、忙而不乱。

（2）准确判断火情，及时报告火警。

（3）迅速展开灭火救援行动。

（4）及时组织人员疏散、逃生和营救。

（5）立即组织现场警戒。

（6）统一指挥，协调一致。

3．报火警对象

报火警对象如下。

（1）向周围的人员发出火灾警报，召集他们前来扑救或疏散物资。

（2）向本单位（地区）专职、义务消防队报警。

（3）向公安消防队报警。

（4）向受火灾威胁的人员发出警报。

4．报火警的内容

报火警的内容如下。

（1）单位或个人的详细地址。

（2）讲明起火物。

（3）火势情况。

（4）报警人姓名及所用电话号码。

5．初起火灾的扑灭要点

（1）先控制，后消灭。

对于不能立即扑灭的火灾要首先控制火势的蔓延和扩大，然后在此基础上一举消灭火灾。例如燃气管道着火后，要迅速关闭阀门，断绝气源，堵塞漏洞，防止气体扩散。同时保护受火威胁的其他设施；当建筑物一端起火向另一端蔓延时，应从中间适当部位控制。

先控制、后消灭在灭火过程中是紧密相连、不能分开的。对于扑救初起火灾来说，控制火势发展与消灭火灾，二者没有根本的界限，几乎是同时进行的。现场人员应该根据火势情况与本身力量灵活运用这一原则。

（2）救人重于救火。

当火场上有人受到火势围困时，企业首先要做的是把人从火场中救出来，即救人重于救火。企业在实际操作中可以根据人员和火势情况，救人和救火同时进行，但绝不能因为救火而贻误救人时机。

（3）先重点，后一般。

在扑救初起火灾时，现场管理人员要全面了解和分析火场情况，区分重点和一般。很多时候，在火场上，重点与一般是相对的。

一般来说，现场管理人员要分清以下几种情况：人重于物；贵重物资重于一般物资；火势蔓延迅猛地带重于火势蔓延缓慢地带；有爆炸、毒害、倒塌危险的方面要重于没有这些危险的方面；火场下风向重于火场上风向；易燃、可燃物集中区域重于这类物品较少的区域；要害部位重于非要害部位。

（4）快速、准确，协调作战。

火灾初起时采取措施愈迅速，愈准确靠近火点及早灭火，愈有利于抢在火灾蔓延扩大之前控制火势，消灭火灾。协调作战是指参与扑救火灾的所有组织、个人之间的相互协作，密切配合行动。

6．初起火灾的基本扑救方法

（1）隔离法。

拆除与火场相连的可燃、易燃建筑物；或用水流水帘形成防止火势蔓延的隔离带，将燃烧区与未燃烧区分隔开。在确保安全的前提下，将火场内的设备或容器内的可燃、易燃液，气体排放、泄除，转移至安全地带。

（2）冷却法。

使用水枪，将水喷洒到燃烧区，直接作用于燃烧物使之冷却熄灭；将冷却剂喷洒到与燃烧物相邻的其他尚未燃烧的可燃物或建筑物上进行冷却，以阻止火灾的蔓延。用水冷却建筑构件、生产装置或容器，以防止其受热变形或爆炸。

（3）窒息灭火法。

将湿棉被、湿麻袋、石棉毯等不燃或难燃物质覆盖在燃烧物表面；较密闭的房间发生火灾时，封堵燃烧区的所有门窗、孔洞，阻止空气等助燃物进入，待氧气消耗尽，使其自行熄灭。

（4）化学抑制法。

利用ABC干粉或其他有化学成分的药剂喷洒于燃烧物体表面，阻止燃烧的方式称为化学抑制法。

3.3 突发事件应急处理流程

突发事件应急处理一般的响应程序和要求如下所示。

1．当突发事件为外部原因时

当突发事件为外部原因时，其处理流程如下。

（1）当外部原因引起停水、停电、停空气、蒸汽等影响企业不能正常生产时，经营部门或后勤部门负责与相关外部单位进行联系，询查突发事件的原因、时限，将填写的"突发事件情况记录表"送至生产部门，并报告企业管理层。

（2）生产部门根据突发事件的时限，制定应急措施，调整、组织、安排生产。

2．当突发事件为内部原因时

当突发事件为内部原因时，其处理流程如下。

（1）当由内部原因引起停水、停电、停空气、蒸汽及火灾、工伤、重大设备事故等影响企业不能正常生产时，生产部门负责询查原因、采取应急处理措施。必要时，生产部门还可以邀请有关部门协助处理或将火灾原因报告企业最高管理层，由其协调处理。

（2）当突发事件为生产物料短缺或人员短缺影响部门不能正常生产时，生产部门负责调查物料短缺或人员短缺的情况并分析原因，然后将结论报告有关部门。有关部门在收到结论后应马上采取应急处理措施对事件进行处理。

（3）当突发事件不属上述所列范围时，突发事件的部门经理应通知有关部门，并报告企业高管协商处理。

（4）有关部门根据突发事件情况，积极组织有关人员协助处理各种突发事件，以保证企业的正常生产经营活动。

（5）当突发事件不能及时排除而影响顾客产品的供应时，一般由销售部门负责通知客户，并与客户商定重新供货的时间，以保证客户需求。

3.4 事故后的调查与改善

根据事故的具体情况，事故调查组由有关安全生产监督管理部门、负有安全生产监督管理职责的有关部门、监察机关、公安机关以及工会派人组成，并应当邀请人民检察院派人参加。事故调查主要包括如图7-11所示的内容。

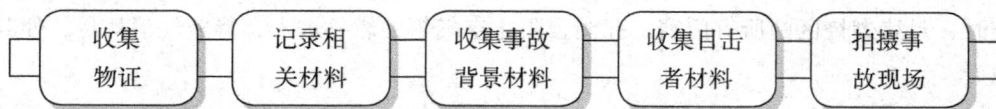

图7-11 事故调查的内容

事故调查的具体说明如表7-2所示。

表7-2 事故调查的具体说明

序号	类别	具体说明
1	收集物证	（1）现场物证包括破损部件、破片、残留物 （2）应将在现场收集到的所有物件贴上标签，注明地点、时间、现场负责人 （3）所有物件应保持原样，不准冲洗、擦拭 （4）对具有危害性的物品，应采取不损坏原始证据的安全防护措施
2	记录相关材料	（1）发生事故的部门、地点、时间 （2）受害人和肇事者的姓名、性别、年龄、文化程度、技术等级、工龄、工资待遇 （3）事故当天，受害人和肇事者什么时间开始工作，其工作内容、工作量、作业程序、操作动作（或位置） （4）受害人和肇事者过去的事故记录
3	收集事故背景材料	（1）事故发生前设备、设施等的性能和维修保养状况 （2）使用何种材料，必要时可以进行物理性能或化学性能实验与分析 （3）有关设计和工艺方面的技术文件、工作指令和规章制度及执行情况 （4）工作环境状况，包括照明、温度、湿度、通风、噪声、色彩度、道路状况以及工作环境中有毒、有害物质取样分析记录

（续表）

序号	类别	具体说明
3	收集事故背景材料	（5）个人防护措施状况，其有效性、品质如何，使用是否规范 （6）出事前受害人或肇事者的健康状况 （7）其他可能与事故致因有关的细节或因素
4	搜集目击者材料	（1）要尽快从目击者那里搜集材料 （2）对目击者的口述材料，应认真考证其真实程度
5	拍摄事故现场	（1）拍摄残骸和受害人的所有照片 （2）拍摄容易被清除或被践踏的痕迹，如制动痕迹、地面和建筑物的伤痕、火灾引起的损害、下落物的空间等 （3）拍摄事故现场全貌

下面提供一份某企业的现场安全管理制度的范本，供读者参考。

【范本7-03】现场安全管理制度

现场安全管理制度

1．总则

1.1 本制度规定了安全确认制度的实施原则、办法和要求。

1.2 本制度适用于本企业所属各单位、各部门。

1.3 "安全确认制"是指在行为实施前对行为实施对象、行为实施的环境的确认、确信、确实的统称。根据公司实际情况，"安全确认制"可分为以下四种。

1.3.1 操作确认制。即在操作作业时，必须做到认清被操作对象的名称、作用等，确认无误时，再进行操作。同时，员工在生产现场行走时，要走安全通道，而且上下左右都要看清楚，按照"查看、判断、通过"的程序，对现场是否具备安全通行条件予以确认，确无危险时，才能通过。

1.3.2 联系呼应确认制。即在长线作业时，必须由一人指挥，不能多头指挥，指挥者发出的指令一定要简明扼要，被指挥者要复诵无误后，才能进行工作，并做好记录。

1.3.3 开停车确认制。即对设备开停车时，对开停车各环节予以确认，确认无误后，才能操作。

1.3.4 安全措施审批和安全确认制。即在操作、检修、施工及清理作业前，严格执行《施工、清理、检维修作业安全管理规定》。

2．制定"安全确认制"的工作要点

2.1 操作确认制适用于公司所有岗位操作人员，要严格执行"想、看、动、听、查"

的确认程序。

2.1.1　想：操作者在对操作对象实施操作前要想一想本工种的操作程序、动作标准和安全操作规程的有关内容，以确认安全注意事项。

2.1.2　看：操作者要查看所操作的对象和人-机结合面是否存在隐患和缺陷，显示器、控制器、安全防护装置是否完好，操作定位是否正确，是否符合安全作业条件。

2.1.3　动：操作者要严格按操作程序、动作标准及安全操作规程的要求实施作业。

2.1.4　听：操作者进入现场后要仔细听听设备运行是否正常，听听周围环境有无异常声响，确认正常后方可作业。

2.1.5　查：操作者在操作过程中，每做完一个操作动作都要检查动作后对象反馈的信息是否正确。

2.2　各单位要根据本单位岗位操作人员所操作设备、作业区域、周围环境的特点及其他特殊性，制定操作确认制。

2.3　操作确认制的制定，必须符合"想、看、动、听、查"确认程序的原则要求。其内容包括以下要点。

2.3.1　操作者确认自己已处于安全状态条件下。

2.3.2　确认所操作的设备已符合安全要求。

2.3.3　确认联系制度已正确执行完毕。

2.3.4　确认能够保证周围人与物的安全。

2.4　联系呼应确认制主要适用于正常的生产过程、施工检修过程，以及立体交叉作业与长线作业过程，下级对上级指令的确认，以及被指挥者对指挥者指令的确认过程。

2.5　各单位在具体细化制定联系呼应确认制时，要包含以下重点内容。

2.5.1　指挥者确认其指令与执行者执行的指令相一致，其指令与生产系统中的安全要求相符合，与作业区域或者作业空间的安全要求不矛盾、不冲突。

2.5.2　指挥者要明确确任其指令是令行，还是禁止。执行者必须按指令做到令行禁止。

2.6　开停车确认制适用于各类窑、炉、磨、泵、槽、压力容器及管道、变配电系统、起重设备与机车等开停车及检修作业。制定时必须严格执行"工作票"和停电挂牌等制度。重点要求如下。

2.6.1　检修或施工完的设备开车。

2.6.1.1　确认开车总指挥者和安全总负责人（应是同一人）。

2.6.1.2　确认下一级的开车指挥者和安全负责人（应是同一人），并且实行直线联系负责制。

2.6.1.3　确认谁有权送电，谁有权开车。

2.6.1.4　开车指令下达前确认工作票制度已正确执行完毕。

2.6.2　备用设备开车。

2.6.2.1　确认工作票制度已正确执行完毕。

2.6.2.2　确认上一级指挥者谁同意送电。

2.6.2.3 确认上一级指挥者谁同意开车。

2.6.2.4 确认所开车设备安全保护装置符合安全条件要求。

2.6.3 设备停车。

2.6.3.1 确认停车的目的。

2.6.3.2 确认停车的安全规程、工艺规程已执行完毕。

2.6.3.3 停车检修的设备，必须进行以下几种操作确认。

（1）断电。

（2）断料。

（3）断汽（水）。

（4）挂警示牌、锁安全锁。

（5）监护人等。

2.7 安全措施审批和安全确认卡制，适用于重点操作、检修、施工及清理作业之前，对作业过程中可能出现的隐患和违章，在预想预测的基础上制订安全措施，经有关部门确认，并严格实施。

2.7.1 重点操作、检修、施工及清理项目的主要内容及可能出现的隐患和违章操作。

2.7.2 拟采取的安全措施。

2.7.3 单位负责人对工程内容、现场及所采取措施的确认。

2.7.4 现场操作人员确认签字。

2.7.5 施工管理部门和安全管理部门的确认。

3．"安全确认制"实施措施的制定

3.1 制定"安全确认制"实施措施，要做到"三结合"（班组岗位人员、车间技术人员、厂部技术及管理人员相结合）。

3.2 各车间工种、岗位、设备的安全确认实施措施，依据"安全确认制"实施要点，以车间为主制定，厂部负责指导、审核确认。

3.3 厂组织的多工种配合作业、设备检修、项目施工以及锅容管特设备（即锅炉、压力容器、压力管道、特种设备）运行与检修等的安全确认实施措施，依据"安全确认制"实施要点，以厂部为主制定，公司主管部门负责指导、审核确认。

3.4 公司组织的大修、技改项目在实施前，项目主管部门要和设备所在单位、设备使用单位依据"安全确认制"实施要点，共同制定实施"安全确认制"的具体措施，公司主管部门负责审核确认。

3.5 公司及各单位将对此项工作的落实与执行情况作为一项重点工作纳入《安全奖惩制度》及绩效管理进行考核，严格按要求对"安全确认制"实施情况进行检查。对于公司实施的设备大修及科技、技改项目施工现场的检查，由设备及项目所在单位、施工（检修）单位、工程发包单位进行全过程的监控检查，公司及各单位要组织日常巡检和不定期抽查，对查出的问题依照《安全奖惩制度》实施考核。

学 习 笔 记

通过学习本章内容，想必您已经有了不少学习心得，请仔细记录下来，以便巩固学习成果。如果您在学习中遇到了一些难点，也请如实写下来，以备今后重复学习，彻底解决这些学习难点。

同时本章列举了大量的实用范本，与具体的理论内容互为参照和补充，方便您边学边用，请如实填写您的运用计划，以使工作与学习相结合。

我的学习心得：

1. _____
2. _____
3. _____

我的学习难点：

1. _____
2. _____
3. _____

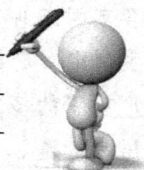

我的运用计划：

1. _____
2. _____
3. _____

第**8**章

持续改善管理

现场改善不是某一部门、某一两个人的事情，它是整个企业的事情。改善既不是大变革，也不只是技术创新，它是从小问题做起，对本工序、本班组不完善的项目提出改善建议。从作业动作、作业场地、夹具、工具、搬运、搬运工具、机械设备、材料、工作环境等方面入手，开展的全方位的改善活动，不必有显著的效果，只要能够比现况提高一步即可。即使是只节约了一分钱，缩短了一秒的作业时间也达到了现场持续改善的目的。

第 1 节　持续改善的流程

日本丰田汽车公司发现为降低企业成本、保证产品的交货期并提高企业的盈利水准，需要连续不断地推动持续改善。因而发展出一种能够随市场需求变化而灵活应对的扁平化生产体制。

丰田汽车公司的持续改善管理活动涉及每一个人、每一环节的连续不断的改进：从最高的管理部门、管理人员到工人。持续改善管理策略是日本管理部门中最重要的理念。企业要在内部开展持续改善管理活动，可以参照图8-1所示的流程。

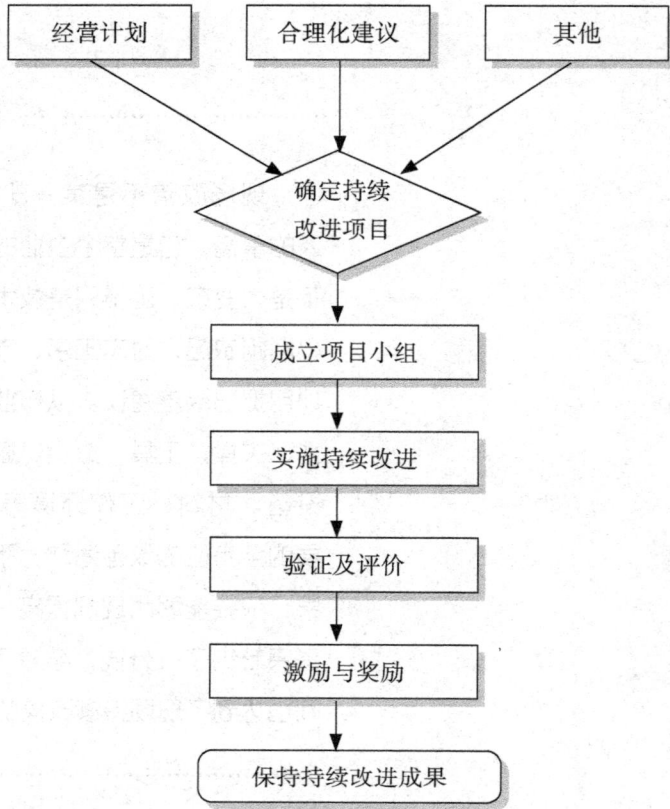

图8-1　持续改善的流程

1.1　确定持续改进项目

企业行政部负责持续改进活动的程序化管理，分发"持续改进建议表"。各部门主管再根据管理中的情况，提出持续改进项目建议，填写"持续改进建议表"。企业的所有员工在工作的任何时间，如有持续改进的项目或建议，均可随时填写"持续改进建议表"。该表完成以后交给本部门的负责人，也可由员工直接将其交与行政部。行政部将改进信息在适当的范围组织评审以确定持续改进的可行性与价值。

1.　发现问题

现场员工只要能够把握自己工作的效率（包括作业时间、等待时间等）。对于效率指标的变化，员工关心重视的话，问题点就很容易显现出来。如果加工程序时常改变，物量或者单位时间的效率很难把握的话，则可以凭实际时间/标准时间（或者预算时间）的指标来评估。

现场持续改善的目的就是要求解决问题。所谓问题（见表8-1），指"应有的状态"和"现状"的差距。应有状态的内容是计划、指令、标准、法令、想法等。

184

表8-1　应有状态问题表

应有状态	问题举例说明
计划	工作的结果未达到计划的目标时，或实际的费用超过预算时，其差距就成为"问题"
指令	在上司指定时间内未完成工作，其延迟就是"问题"
标准	不具备规格所规定的性能时，就是"问题"
法令	依据道路交通法规，禁止饮酒驾驶。一旦饮酒后驾驶，就是"问题"
想法	认为OA完全系统化为理想，但目前仍是各自引进个人计算机、文字处理机，这也是"问题"

2. 详细调查现状

现在乍看是平稳而无特别问题的工作场所，如果详细观察实况，现场主管就会明白，其实隐藏了各种问题（见表8-2）。

表8-2　工作场所中问题分类表

序号	类别	状态	实例
1	未解决的问题	（1）虽然已经着手解决，却尚未完全解决 （2）问题已经发生，但尚未着手解决	（1）倾全力制造延迟交货期的产品，但尚未交给顾客 （2）交货量未达到接单量，但尚未着手未达成部分的制造
2	半解决的问题	因为某种情况，在尚未完全解决的状态下，停止解决问题作业	不符合规格、性能的产品，以折扣价解决的情形等
3	隐藏的问题	实际上已经发生问题，却未察觉问题的存在而放置未处理	承办人挪用公款，但周围的人尚未发现
4	今后创造的问题	把应有的状态提升来创造问题	事故率维持现状，就没有什么特别问题。但把事故率减为现状的一半时，该如何处理等

3. 建立改善目标

在确定问题点（主题）后，接下来就要设定改善目标。目标的设计要坚持SMART原则，具体如图8-2所示。

总体要求	具体的（Specific）	员工能明确组织期望他做什么，什么时候做以及做到何种程度。同时，资源是有限的，就只能将努力集中于最重要的事情上，每一层面的目标数量要有一定的限制：目标表述要简明扼要、易懂易记
目标值	可衡量（Measurable）	如果目标无法衡量，就无法检查实际与期望之间的差异。为此，目标值应尽可能用数字或程度、状态、时间等准确客观表述，衡量方法不应是主观判断而应是客观评价
	能实现（Attainable）	目标值应尽可能高而合理，过高或过低都会影响目标作用的发挥
目标内容	相关联（Relevent）	目标是实现组织使命和愿景的重要工具，目标内容的确定必须与组织素质和愿景相关联。在分解目标时则应与员工的职责相关联，使组织目标成为员工日常工作的一部分
时间要求	有时限（Time-bound）	目标必须有起点、终点和固定的时间段。没有确切的时间要求，就无法检验：没有时间要求的目标，容易导致被拖延，即一项没有截止期限的目标常常是一项永远不会完成的目标

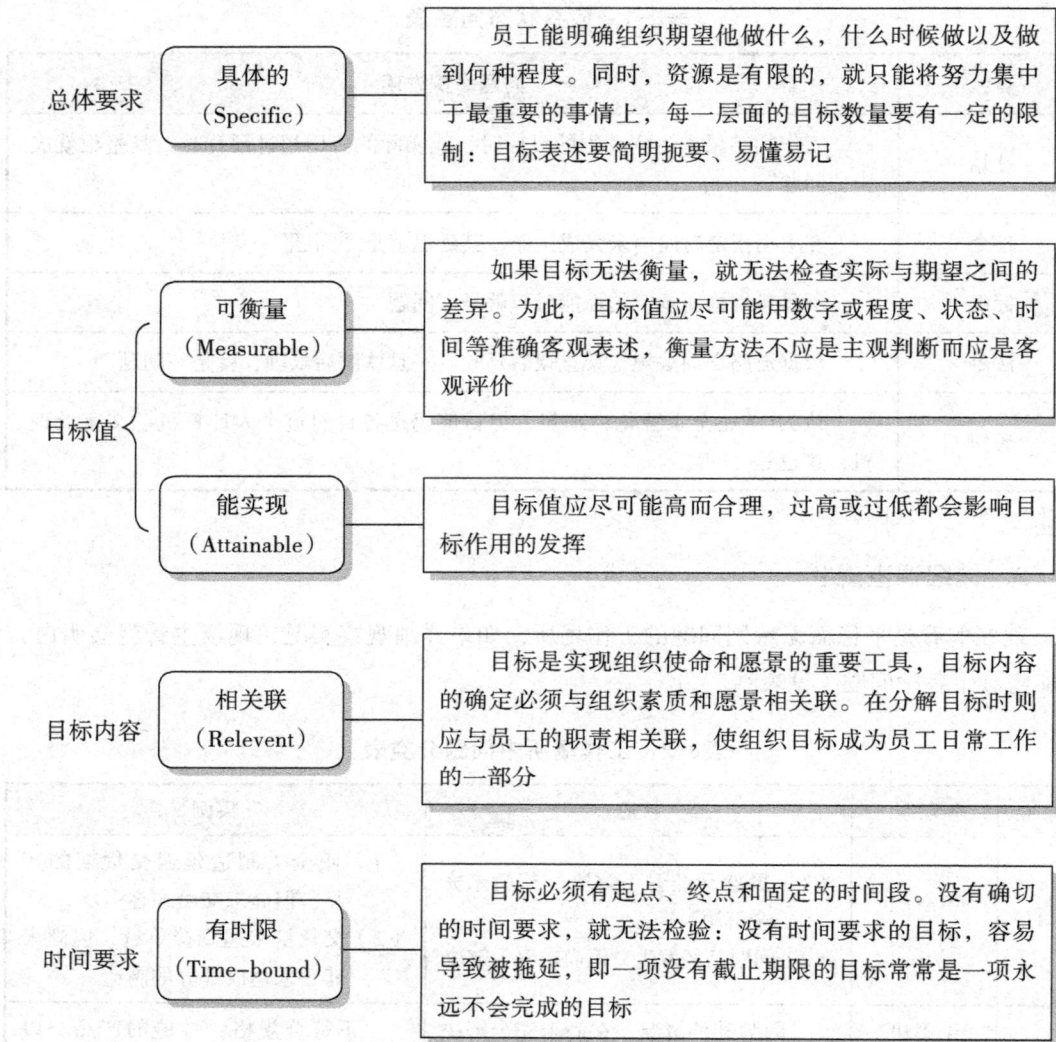

图8-2　SMART原则

4. 提出持续改进立项申请

企业各部门根据本部门职责情况，可随时提出持续改进立项申请。各部门在提出持续改进建议时，须书面填写"持续改进建议及评估表"并提交质管部。管理者代表组织评审小组评审后予以确定是否立项。持续改进项目主要来自如表8-2所示的17方面。

表8-3　持续改进项目表

序号	详细内容
1	搬运和储存过多
2	非品质因素的额外成本

（续表）

序号	详细内容
3	设备停机率是否偏高
4	设备精度及生产能力需要提高时
5	作业周期时间过长
6	人力资源、材料的浪费
7	工序/产品品质指标未达到预定目标
8	检测手段不能满足工艺技术及检测技术的要求
9	顾客提出新的品质指标
10	顾客提出新的品质体系要求
11	工艺方法不能提升产品品质
12	现有工艺方法影响生产效率
13	顾客提出新的设计要求
14	控制和降低产品特性和制造过程参数的变化
15	库存的不断优化
16	采购成本的不断优化
17	其他

1.2　成立项目改进小组

在质管部将经批准的"持续改进工作计划"分发到责任部门和人员后，责任部门和人员须在一周内制订出改进计划。对需要实施的改进计划，确定其责任部门、基层班组、CFT（跨职能部门小组）改进小组进行改进，确定预计完成日期、目标。为保证采用适当的持续改进措施、技术，办公室须按照《人力资源和培训控制程序》对相关人员进行培训，使有关人员掌握持续改进的方法，能够达到以下几个持续改进的要求。

（1）利用品质方针中持续改进的承诺和品质目标可追求的目的，或随市场竞争的变化和品质管理体系运行的进展，通过评审更新、实施新的品质方针、品质目标，营造全体员工持续改进品质体系有效性的氛围，并为过程的评价确定准则，为改进活动确定应该达到的目标。

（2）通过内部审核和外部审核，发现体系存在的不合格和薄弱环节，采取措施予以改进。

（3）通过数据分析，寻求改进的机会。在数据分析中，应特别注意顾客需求变化的趋势、市场走向以及同行业竞争对手的发展水平，以便适时改进产品特性和品质管理体系，增强使顾客满意的能力。

（4）利用体系、产品和过程的有关信息，从提高产品品质水平、过程控制能力和品质管理体系有效性出发，识别品质管理体系规定的不完善、不全面、不尽科学之处，实施纠正措施和预防措施，以防止不合格现象再发生。

（5）开展管理评审，对体系适宜性、充分性和有效性进行改进。

1.3 实施持续改进

企业要规范持续改进的过程，一般持续改进的过程如图8-3所示。

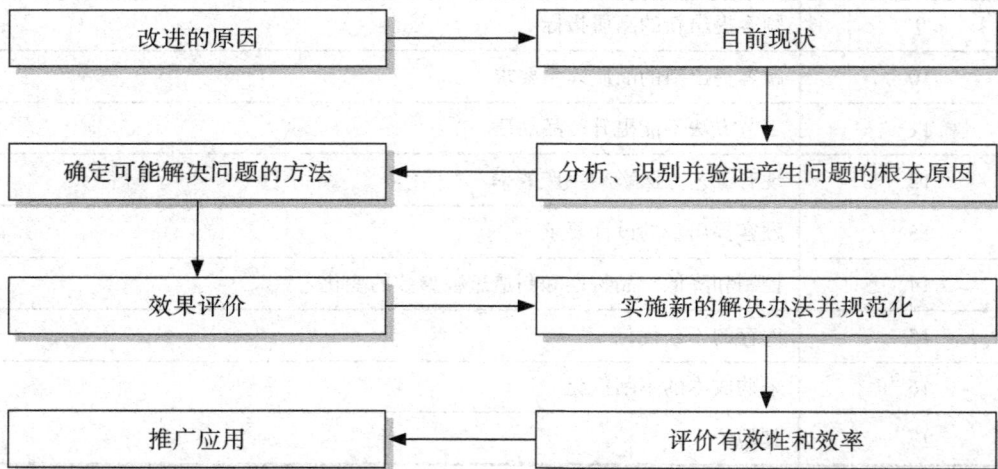

图8-3 持续改进的过程

1.4 验证及评价

企业管理人员对持续改进措施的实施情况进行监督、检查，并根据"持续改进措施单"中限定的时间，对其有效性进行验证。品质体系不合格项的纠正措施由审核员或管理者代表委派的人员跟踪检查和验证。在验证及评价过程中，管理人员应注意以下几个要点。

（1）重大项目及专题（改进计划）的实施状况，由管理者代表主持，召集相关部门或人员组成验证、评价项目小组进行。

（2）一般改进项目则由质管部组织相关部门进行验证、评价，并编写《改进项目实施验证报告》。

（3）若验证不合格，各责任部门应根据验证报告中指出的问题重新制定改进实施方案并组织实施，直到验证合格。

（4）列入年度、月度计划的改进，也可在年度、季度、月度会议上报告、评价。年度的持续改进工作实施情况应纳入公司的年度管理评审。

1.5　激励与奖励

企业可以依据《员工激励管理办法》、《合理化建议管理办法》，对评估合格的改进项目小组成员及项目提出人以现金方式进行一次性奖励。

1.6　保持持续改进成果

经确认的品质改进结果所引起的永久性更改，应纳入有关的技术规范、作业指导书、工作程序和其他的品质体系文件中，确保品质改进的成果予以保持。

不断地持续改进，把已完成的品质改进活动的成果保持下去，同时选择和实施新的品质改进项目活动，确保品质改进活动持续不断地进行。

第 2 节　持续改善的工具

现场持续改善的工具包括记录表、帕累托图、因果（鱼刺）图等三种。

2.1　记录表

记录表是一种从观察、经验或现有的公司文档和记录来收集和记录数据的表格。工作小组或团队经常在他们的工作中使用记录表收集资料。经过仔细设计的记录表，可以使记录的数据方便地应用于帕累托图、直方图、折线图、散点图和控制图。记录表的资料可以为推进持续改进和消除猜测性工作提供关键性信息。

1. 记录表的用途

记录表的用途如下。

（1）组织资料的收集活动。

（2）监督一系列的任务或步骤是否已完成（检查列表）。

（3）在视觉上进行结果的沟通。

（4）为通过帕累托图、直方图、折线图、散点图和控制图等进行数据分析打下基础。

（5）记录事件发生的频率。

（6）记录事件发生的地点。

（7）记录不可测量的事件的特征或计数数据，如合格/不合格、行/不行、好/坏等。

2．记录表类型

（1）日志式记录表。

为了使用图表方式对资料进行分析，工作小组或团队可以用日志式记录表来组织数据的收集。

以下是某企业的生产线停工记录表，供读者参考。

【范本8-01】生产线停工记录表

生产线停工记录表

日期	班次	生产线停工时间	生产线恢复时间	停工时间长度（分）	班长的原因描述	签名
5/7	1	8：15	9：45	90	部件1用完	
5/7	2	10：20	11：05	45	部件2故障	
5/7	2	11：10	11：21	11	生产线堵塞-部件3	
5/8	2	7：32	9：35	123	部件4用完	
5/8	2	10：03	10：27	24	设备调整-部件3	

（2）观测数据记录表。

观测数据记录表可以用于收集有度量的数据，如时间、温度、体积等，也可以用于记录特征资料，如及格/不及格、接受/拒绝等。

以下是某企业的直方图温度记录表和生产线停工特征资料记录表，供读者参考。

【范本8-02】直方图温度记录表

直方图温度记录表

温度间隔	频率计数	总数
20~20.9	IIIII	5
21~21.9	IIIII　I	6
22~22.9	IIIII　IIIII	10
23~23.9	IIIII　IIIII　II	12
24~24.9	IIIII　III	8

备注：频率计数在这里用"I"表示，也可以用"正"字计数来表示。

生产线停工特征资料记录表

原因	发生次数	总数
备件用完	IIIII IIIII I	11
维修	IIIII III	8
故障	IIIII	5

备注：频率计数在这里用"I"表示，也可以用"正"字计数来表示。

（3）地点、部位记录表。

地点、部位记录表用于记录事件发生的地点和部位等信息。例如，工伤事故发生的地点或人体部位、表明生产瓶颈发生部位的平面图、主要客户群的地理分布图。

（4）列表式记录表。

列表式记录表可用于监督一系列任务和步骤是否完成。这种记录表既可用作收集资料又可又作交流结果。

以下是某企业的人力资源推广初期任务列表，供读者参考。

【范本8-03】人力资源推广初期任务列表

人力资源推广初期任务列表

工作内容（什么）	责任人（谁）	目标（什么时候）	完成情况（是/否）
（1）访谈	陆××	11/02/98	
（2）招聘	李××	18/02/98	
（3）资料收集	王××	13/02/98	

3. 记录表的操作步骤

记录表的操作步骤如表8-4所示。

表8-4 记录表的操作步骤

操作步骤	具体内容
第一步	针对记录表，清楚地定义希望解答的问题
第二步	决定使用哪些数据分析工具
第三步	明确所需数据的位置

（续表）

操作步骤	具体内容
第四步	决定收集多少数据并建立时间框架
第五步	设计资料收集所用的表格 （1）决定哪一种记录表最适用 （2）标注记录表（日期、人员、研究项目、时间等） （3）验证记录表能否回答欲知问题
第六步	确定怎样收集资料才能最小限度地影响日常工作。确认收集资料的小组成员
第七步	确定小组如何能保证收集到合适的资料 （1）用审计资料吗 （2）成员需要特殊训练吗 （3）表格本身是否表述清楚 （4）收集资料品质很差是怎么办
第八步	测试一下记录表。通过反馈，对记录表作适当的更正
第九步	开始用记录表在规定的时间段内收集资料

2.2 帕累托图

帕累托（Pareto）图是一种按影响程度大小顺序排列显示对某一问题或机遇有影响力的因素的图。它根据帕累托原则（也称为80/20）制作。帕累托原则认为，企业80%的问题是由20%的原因造成的，所以，如果企业能够去找出并处理20%的原因，企业就能得到80%的改进。

1．帕累托图的用途

（1）显示由数据表明的对问题有影响事项的先后顺序。

（2）用图示方式显示某一个特别问题的重要性。

（3）展示工作小组或团队的持续改进所带来的前后变化。

（4）与"因果"图联合应用。在用帕累托图找出问题的主要原因后，工作小组可以把主要原因当作一个新的"因果"图中的结果。在找到了这个结果的原因后，第二层的帕累托图就可以用来进一步分析更深层次的原因。这两种方法的交替循环使用是工作小组用来分析复杂的项目的非常有效的方法。

（5）表明对问题的整体有影响的其他因素的累计效果。因此，能很清晰地显示出对问题有80%以上影响的原因。

2．帕累托图制作步骤

第一步　定义数据表格式，定义某个小组收集感兴趣资料的数据表格式。

第二步　收集资料。

第三步　计算总数，从记录表计算总数。有时经计算后，有些项的出现频率很小或重要性很低。这些项可以合起来归入"其他"项。

第四步　画帕累托坐标轴。

（1）在图纸上画出左垂直轴和底部的水平轴。

（2）将左垂直轴根据检测到的最大数值进行等分。

（3）将底部水平轴按测试的项目进行等分。

（4）将频率最高的项目画在最前面，然后是第二高频率，直至所有项都画出来。这样，最重要的项出现在最左面，而"其他"项则出现在最右面。

第五步　画出帕累托柱子。柱子的高度应该等于各项目的数值。相邻的柱子应紧靠一起。

第六步　画出每项的累计曲线。

（1）画出右边的垂直轴。

（2）在右垂直轴与左垂直轴上的最高数值点的对应位置上标出100%，并将以下均分为五部分，标出百分数。

（3）从最左边的帕累托柱子的左下角开始画该柱子的对角线。

（4）再将第二项的数值与第一项相加，从第一项柱子的右上角画到相加所得的数值位置，水平方向等于延伸的宽度应等于第二项的宽度。

（5）重复上述步骤直至画到图的右上角。最终的高度应等于所有项之和的数值并画到100%的地方。

第七步　加上图例，日期、资料来源、责任人以及图名等均应标出，如图8-4所示。

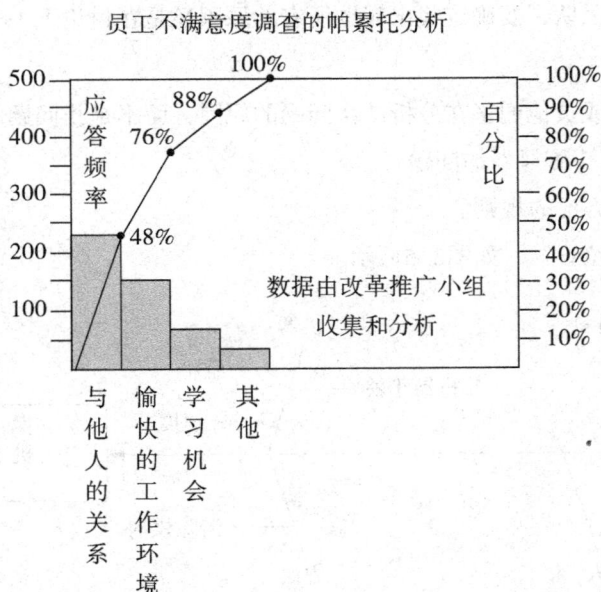

图8-4　帕累托图的制作步骤

2.3　因果（鱼刺）图

因果（鱼刺）图是一种表示结果（正面的或负面的）和造成该结果的原因的图。因果图显示了每一个潜在原因与结果和另外的潜在原因之间的关系。它要求建立主要的导致结果和问题的原因分支。图画出来很像鱼刺，因而也称为鱼刺图。

1．因果图的用途

因果图的用途如下。

（1）识别潜在的导致问题和结果的原因。

（2）以图示的方式显示问题的潜在原因。

（3）将改进的努力集中在导致问题的原因上。

（4）将数据收集的精力集中在最可能的原因上。

（5）客观地解释导致问题发生的原因。

2．制作因果图的步骤

第一步　在图的右侧将结果或问题画在框中。

第二步　定义原因的分类，即"鱼骨"。

（1）决定要画出哪些分类。常用的分类有：机器、方法、材料、人、评估、环境。

（2）将分析的原因与主箭头平行写下来。

第三步　建立一系列可能的原因。

（1）作为一个团队，要确定使用哪一种产生主意的方法。很多团队用头脑风暴法。

（2）作为一个团队，要确定找出问题所有的原因还是在讨论下一个"鱼骨"前集中在当前的"鱼骨"上。

（3）提醒团队成员他们正在分析产生问题的原因，而不是找问题的答案。通常要在图的上面直接写出需要头脑风暴的问题。

（4）回顾使用方法的规则。

（5）画出小"鱼骨"，如图8-5所示。

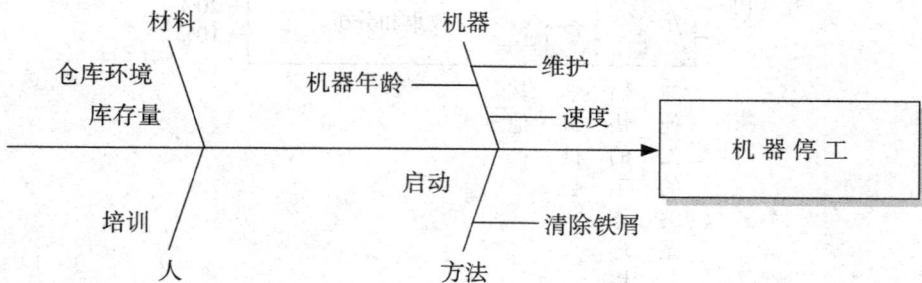

图8-5　因果（鱼刺）图的制作步骤

第3节 持续改善的方法

PDCA改善循环法是由美国人戴明所发明，PDCA由Plan（计划）、Do（执行）、Check（检查）、Action（总结处理）四个词的第一个字母组成。其基本原理是：做任何事情都要经过计划、执行、检查、总结处理四个阶段。其中在P阶段，包括确定方法、目标和活动计划等；D阶段，组织力量执行计划，保证计划的实施；在C阶段，重点在对计划执行情况的检查、分析；A阶段是总结成功的经验和失败的教训，并把没有解决的问题转入下一个循环中去，从而完成一个圆满的改善循环。按照PDCA改善循环法不断推进，改善的目标就更容易达到。

3.1 计划

现场管理的计划，可以分成两个项目，其一是标准的计划，其二是方法的计划。也就是说首先要决定标准，然后再决定达到这个标准的过程以及方法，这才是完整的计划。

1. 确定标准

为使现场管理能顺利进行，首先要对各项工作都规定一个具体而明确的标准，也就是事先预计一下应该达成的标准是什么。这个标准必须明确，最好能用数据表示出来。例如，外观不良率要保持在0.2%以下，或每天生产的数量不得少于5000台，或表面疵点每天不得超过3个。

确定这些具体的标准时，必须与企业的方针政策一致，目标不要定得太低，也不要定得太高，一定要恰到好处，否则就会失去制定它的意义。

2. 拟订达到标准的方法（方法计划）

只确定一个标准，而不确定达到标准所应具备的方法将很难达到管理的效果。因此，除了制定一个明确的标准以外，还必须拟订达到这个标准的过程及方法——方法计划。

3. 标准的主要目的

在现场中，最直接影响工作的标准书就是作业标准，制定作业标准的主要目的有如下几个方面。

（1）使作业者了解作业内容及要领，保证正确作业。

（2）指导作业的顺序。

（3）指导注意事项。

（4）指导使用的机械、治具、工具。

在现场中，有许多重复的作业及工作，即可以利用作业标准来消除重复的作业及工作。当然，在现场中，除了作业标准外，其他的如检验标准、测定标准、控制计划、FMEA也是很重要的工作规范。

3.2　实施

有了周全的计划以后，现场管理者就必须使现场作业人员遵照计划确实实施作业，这就是实施阶段。现场管理者为使计划顺利进行，必须以命令的形式使下属遵照标准，进行作业或工作。

许多时候，作业者并不是不愿意按照标准工作，而是不知道有标准，或是根本看不懂标准。在这种情况下，管理者就必须借助教育训练的力量，使作业人员充分了解所制定的标准。作业人员都具有了遵照标准作业的意愿，这就有了提高品质意识的基础。

3.3　检查

如果下了命令，而作业人员又都能确实遵守已制定的标准来实施作业，那么管理可以说已成功了大半，但事实上并不是这样。因此，开始实施计划后，管理者需要进行调查工作，检查作业人员是否依照规定或命令去实施，实施结果是否能取得标准计划所预定的成果。

调查的方法很多，而最方便使用的方法有以下一些。

（1）经常巡视作业现场，调查作业情形，如果发现有异常现象，应立刻追查原因。

（2）定期检查产品，看是否符合原来计划的标准。例如，产品的生产量是否与原来规定的一样，或是产品品质是否达到设定的标准，或是产品生产费用是否会超出原来所预计的成本。

（3）利用各种数据统计分析方法，调查作业实施过程，找出现场异常现象。

（4）利用控制图管理现场作业，看是否发生异常现象，以便采取对策。

3.4　总结处理

在调查过程中，管理人员如果发现有作业人员未依照命令实施作业的情况时，应该立刻予以纠正，也就是说立刻采取改善措施。这种改善措施是现场管理的最重要的工作。

这种发现了问题点或是异常现象而立刻采取的对策被称之为应急措施。应急措施是非常重要的一种行为，但若只有这种应急措施，对管理来说仍有不足之处，因为仅有应急措施还无法使现场管理做得好且有效率。所以，如果要使管理更有效率，或是说使设定标准计划更易于达到，就必须定期做实施结果的测定工作，调查实施结果，并检讨所获得的成果是否与标准一致。如果结果未取得标准计划的成果，则追查原因，发现问题，然后针对问题开展修正方法计划的工作。例如变更设备、调动人员、加强教育训练等，主要是除去再发生问题的原因，使同样的问题不会再次发生，一步步地使成果能维持在原先设定的标准状态。这种措施被称之为再发防止措施。

PDCA各阶段，就像车轮一样，连续不断地在"重视改善的观念"及"对改善负有责任感"的层面上，向着箭头方向循环不止，不断改进，一步一步地前进，这就是现场改善的基本做法。

以下是某企业的现场管理考核管理办法，供读者参考。

【范本8-04】现场管理考核管理办法

现场管理考核管理办法

1．目的

为使现场管理的要求能够很好地得到实施，使现场管理顺畅，特制定本办法。

2．适用范围

适用于生产现场的管理工作。

3．考核内容

3.1 行为规范

3.1.1 遵守作息时间，上下班按时刷卡。严禁代人刷卡、提前下班等待刷卡。

3.1.2 工作时间禁止闲聊、唱小调、串岗、溜岗、吃食物。

3.1.3 生产大楼属无烟区，禁止吸烟。

3.1.4 部门经理职务（含工作需要经批准）以下员工工作时间禁止使用手机。

3.1.5 人离开岗位椅子随时归位。

3.1.6 工作时间，须穿着工作服；非工作时间，除因公经批准清洗外，不得穿着或携带工作服外出。

3.1.7 进入工作区域必须换穿干净的工作鞋。

3.1.8 工作台上严禁放置报纸、杂志小说、口杯等闲杂物品。

3.1.9 每天迅速做好操作前准备工作（文件、工具、工装、工作服、防静电环、手套等）。

3.1.10 严格按作业指导书及工位、卫生分解要求进行规范操作。

3.1.11 上班时间必须着工作服、穿工作鞋、佩戴工作牌（统一将工作牌挂在胸前）。工作牌如有丢失或损坏，应及时上报补办。有工艺要求的相关工位带好防静电环。

3.1.12 上班时间不得串岗、溜岗、闲聊、喧哗、争吵。

3.1.13 中午休息时间严禁在生产现场打牌等。

3.1.14 上班时间严禁手抱热水袋进行作业。

3.2 物料放置

3.2.1 所有物料、车架、产品等摆放在相关的指定区域内，沿标识线成直线整齐摆放，保持高度一致，架上产品朝东放置。

3.2.2 板卡侧立放置，一处放置数不能超过10块，板卡重叠放置时应隔／套好静电袋（垫），不能堆放，

3.2.3 板卡工序半成品统一方向、等距、整齐摆放在转运存储架内或侧立放在防静电箱内，箱内板与板之间放防静电隔膜，已装载箱架均沿标识线摆放在相应区域或挂状态标识。

3.2.4 中途转线、转产品之前，应整理、清扫其工作区，物品归类方可离开。

3.2.5 元器件统一放在元件盒内，整齐放在工作台规定的位置上。工作台上不允许用塑料袋装元器件。大批量产品的物料不能一次性摆在工位上，要分盒拿。

3.2.6 紧固件分类放在元件盒内，按加工顺序放在工位左侧，严禁混装、散装。

3.2.7 整机半成品统一方向、分类、等高、等距、整齐摆放在转运车架上，注意防磨擦、防滑摔坏，已装载车架沿标识线摆放在相应区域或挂状态标识。

3.2.8 成品区：板卡外协成品和整机成品包装后分类整齐堆码在存储板上，然后沿标识线摆放在合格品区，堆码高度不超过160厘米，长度和宽度一般只能超出存储板20厘米。注意防混装、防倒货、防数量不清。

3.3 安全、卫生

3.3.1 上班首先检查自己所用工具、工装、设备是否完好，如有异常应及时通知有关人员维修，以防意外。

3.3.2 使用设备当班人员按要求设置设备运转参数，随时查看参数和产品的变化动态，出现异常情况即时报告基层领导和相关技术人员或应急处理，作好设备使用和值班记录。

3.3.3 下班前按要求关闭自己操作的用电设备的电源或拔掉自己的用电工具的电源插头，发热工具要进行隔热或降温后才能离开岗位。

3.3.4 值班人员下班前要检查水、电、门、窗的关闭情况，发现违规即时纠正，如实记录，次日追究责任人。

3.3.5 随时整理清扫工位现场，作好自己所在工作区和所用工具、设备及其他用品的保洁工作。

3.3.6 生产过程中保持洁净的工作环境，不随手随地乱丢工作垃圾，不随意乱摆放物品，严格要求自己养成良好习惯。

3.3.7 下班前做好各自责任区的卫生，做到窗明、物洁、地净。

4．现场管理的考核办法

现场管理工作中的考核分两部分，即工作成绩和工作态度。

工作成绩主要是上述条款的落实情况，工作态度主要是是否能够以负责的态度服从工作安排、协作精神、团队精神。特别要强调的一点是现场管理工作中包括对工作态度的考核。

4.1 考核办法

4.1.1 每日的具体检查由各组的组长负责，现场管理负责人负责监督、抽查和考核。

4.1.2 考核奖罚分明。

4.1.3 考核原则是公平、公开、公正。

4.1.4 考核结果和奖罚情况在考核统计结束后由现场管理负责人公布，奖罚在当月的工资中兑现。

4.1.5 考核及奖罚结果将累积至年底，作为员工年底考评的参考。

4.2 考核奖惩规定

4.2.1 违反现场管理条例一次扣2~5分，由于违反现场管理条例导致相关部门投诉的一次扣10~15分，具体扣分数将由现场管理负责人确定并公布。

4.2.2 在考核过程中与现场管理负责人争吵，不服从或阻挠影响监督考核者，扣10~15分。由现场管理负责人核定公布，并呈报上级部门备案。

4.2.3 每月现场考核统计，每个组累计违例超过5次，组长扣10~15分，超过8次的，组长扣15~20分。

4.2.4 提出合理化建议，并被采纳的加1分。

4.2.5 对于现场情况明显改善，工作态度表现积极的组或个人加1分。

4.2.6 为公司提高效率、改善环境、降低成本成绩显著，或挽回／避免损失的组或个人加4~20分。

4.2.7 现场管理负责人每月统计考核结果，负2分以内提出警告，负3~4分按照负1分处罚，负5分以上按照实际分数处罚。奖罚将根据个人分数在员工工资中严格兑现。

4.2.8 每季度净负分满40者自动作解聘处理，同时每季度的净负分累计到下一季度继续考核。

4.2.9 以上及其他奖罚，现场管理负责人有权视具体情况作出适当处理。

学 习 笔 记

通过学习本章内容，想必您已经有了不少学习心得，请仔细记录下来，以便巩固学习成果。如果您在学习中遇到了一些难点，也请如实写下来，以备今后重复学习，彻底解决这些学习难点。

同时本章列举了大量的实用范本，与具体的理论内容互为参照和补充，方便您边学边用，请如实填写您的运用计划，以使工作与学习相结合。

我的学习心得：

1. _____
2. _____
3. _____

我的学习难点：

1. _____
2. _____
3. _____

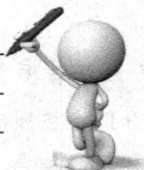

我的运用计划：

1. _____
2. _____
3. _____

参 考 文 献

1. 韩展初. 现场管理实务[M]. 厦门：厦门大学出版社. 2002.

2. 潘林岭. 新现场管理实战[M]. 广州：广东经济出版社. 2004.

3. 陈国华. 现场管理[M]. 北京：北京大学出版社. 2013.

4. 邱庆剑. 生产总监工作手册[M]. 广州：广东经济出版社. 2003.

5. 后东升. 制造业生产现场管理课程[M]. 北京：中国工商联合出版社. 2006.

6. 《福友现代实用企管书系》编委会. 企业管理制度精选[M]. 厦门：厦门大学出版社. 2001.

7. 顾钟毅, 李德涛. 质量检验基础[M]. 北京：中国标准出版社. 2004.

8. 傅利平. 进料检验与供应商管理[M]. 深圳：海天出版社. 2003.

9. 周黎明. 质量控制技术[M]. 广州：广东经济出版社. 2003.

10. 张晓俭, 张睿鹏. 现场管理实操细节[M]. 广州：广东经济出版社. 2005.

11. 王希跃. 最常见的100个生产现场管理问题[M]. 北京：人民邮电出版社. 2013.

12. 郑时勇. 优良生产管理技术[M]. 广州：广东经济出版社. 2006.

13. 顾孝锋. 现场改善实务[M]. 广州：广东经济出版社. 2006.

14. 郝惠文. 生产现场技工必读手册[M]. 深圳：海天出版社. 2007.

15. 史长银. 全面现场改善[M]. 深圳：海天出版社. 2006.

16. 徐明达. 现场管理十大利器[M]. 北京：北京大学出版社. 2007.

17. 孙科柳, 李京静. 生产现场管理实操手册[M]. 北京：中国电力出版社. 1970.

18. 杨吉华. 现场管理简单讲（实战精华版）[M]. 广州：广东经济出版社有限公司. 2012.

《丰田精益管理：现场管理与改善（图解版）》
编读互动信息卡

亲爱的读者：

感谢您购买本书。只要您通过以下三种方式之一成为普华公司的**会员**，即可免费获得普华每月新书信息快递，在线订购图书或向我们邮购图书时可获得免付图书邮寄费的优惠：①详细填写本卡并以**传真（复印有效）**或邮寄返回我们；②登录普华公司官网注册成普华会员；③关注微博：@普华文化（新浪微博）。会员单笔订购金额满300元，可免费获赠普华当月新书一本。

哪些因素促使您购买本书（可多选）

○本书摆放在书店显著位置　　　　○封面推荐　　　　　　○书名

○作者及出版社　　　　　　　　　○封面设计及版式　　　○媒体书评

○前言　　　　　　　　　　　　　○内容　　　　　　　　○价格

○其他（　　　　　　　　　　　　　　　　　　　　　　　　　　　）

您最近三个月购买的其他经济管理类图书有

1.《　　　　　　　　　　　》　　　2.《　　　　　　　　　　　　》

3.《　　　　　　　　　　　》　　　4.《　　　　　　　　　　　　》

您还希望我们提供的服务有

1. 作者讲座或培训　　　　　　　　2. 附赠光盘

3. 新书信息　　　　　　　　　　　4. 其他（　　　　　　　　　）

请附阁下资料，便于我们向您提供图书信息

姓　　名　　　　　　　　联系电话　　　　　　职　　务

电子邮箱　　　　　　　　工作单位

地　　址

地　　址：北京市丰台区成寿寺路11号邮电出版大厦1108室　北京普华文化发展有限公司（100164）

传　　真：010-81055644

读者热线：010-81055656　81055641

编辑邮箱：qiaoyongzhen@puhuabook.cn

投稿邮箱：puhua111@126.com，或请登录普华官网"作者投稿专区"。

投稿热线：010-81055633

购书电话：010-81055656

媒体及活动联系电话：010-81055656　　　　　　邮件地址：hanjuan@puhuabook.cn

普华官网：http://www.puhuabook.cn

博　　客：http://blog.sina.com.cn/u/1812635437

新浪微博：@普华文化（关注微博，免费订阅普华每月新书信息速递）